La créativité thérapeutique des familles d'artistes

Des talents pour déjouer les difficultés

Du même auteur chez Génésis éditions

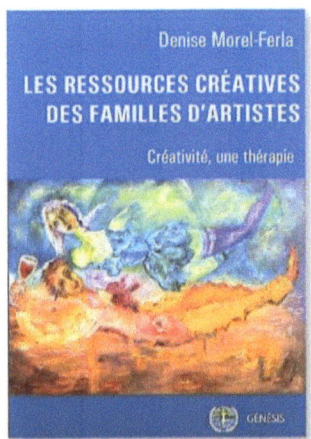
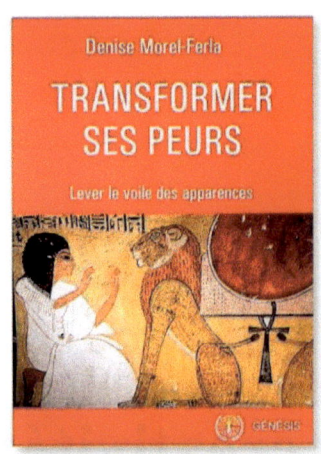

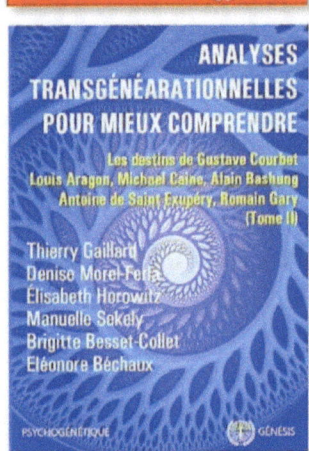

Egalement chez Génésis éditions

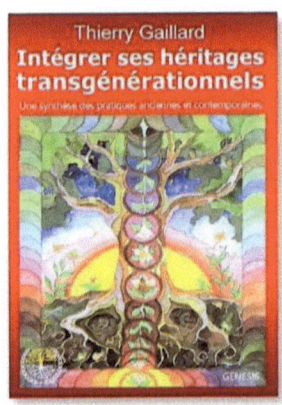
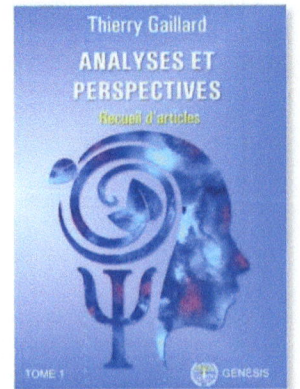
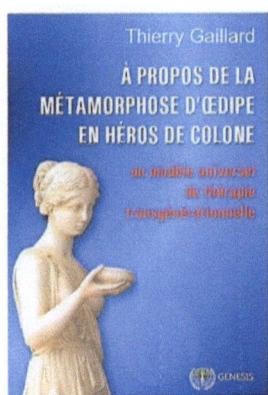

www.genesis-editions.com

Denise Morel-Ferla

La créativité thérapeutique des familles d'artistes

Des talents pour déjouer les difficultés

Génésis éditions

Du même auteur chez Génésis Éditions

- ***Transformer ses peurs,*** *Lever le voile des apparences.*
- ***Les ressources créatives des familles d'artistes***, la créativité, une thérapie.

En couverture, AMADEUS, tableau des Frères BONNEC
© Daniel BONNEC 2015

Avec l'aimable autorisation des artistes

Site Internet des artistes : www.bonnecbrothers.com

GÉNÉSIS ÉDITIONS
18, rue De-Candolle, 1205 Genève, Suisse.
www.genesis-editions.com
Impression: Bod -Books on Demand, Norderstedt, Allemagne
Distribution francophone : SODIS
Distribution pour la Suisse : BUCHZENTRUM
2015, première édition, Ecodition éditions
©2020, deuxième édition, Génésis éditions
Le visible et l'invisible SARL, Genève. Tous droits réservés.
ISBN : 978-2-940540-16-7

Tous droits de traduction, de reproduction et d'adaptation réservés pour tous les pays.

Sommaire

Remerciements	p. 6
I. INTRODUCTION	p. 7
II. FAMILLES D'ARTISTES	p. 13
2.1. Les Brontë : Une mythologie bien partagée	p. 13
2.2. Les Claudel : De secret en secret, la famille-cage.	p. 25
2.3. Les James : Du fantasme au paradoxe	p. 40
2.4. Les Marx : Le « Grand Projet » de Minnie Marx	p. 56
3.5. Les Perrault : Il était une fois	p. 67
2.6. Les Bonnec : Maman, les p'tits bateaux -	p. 81
2.7. Les Prassinos : Retour aux plaisirs de l'enfance	p. 92
III. THÉRAPIE FAMILIALE ET CRÉATION	p. 107
3.1. Un prénom en cascade	p. 108
3.3. Des fantômes omniprésents	p. 117
3.4. Discussion	p. 127
IV. LES PROCESSUS CREATEURS	p. 131
4.1. Secret de famille	p. 132
4.2. Symbiose et différenciation créatrice	p. 134
4.3. Le plaisir de créer	p. 137
VI. CONCLUSION	p. 139
Bibliographie	p. 143

Remerciements

Je tiens à exprimer ma reconnaissance

- à Monsieur le Professeur Jean Lemaire, qui a suscité en moi le désir d'entreprendre cette recherche. Il a su me faire partager sa longue expérience de clinicien et de précurseur dans les thérapies de couple et de famille, et m'encourager par des critiques bienveillantes.

- aux familles qui m'ont offert leur concours pour le recueil d'informations, ainsi qu'aux créateurs de toutes les époques, qui tel un phare, éclairent cette réflexion.

- à tous ceux qui ont contribué à la réalisation effective de ce travail.

Denise Morel-Ferla

I
INTRODUCTION

> *Chacun de nous peut et devrait sans doute se demander, comme un de mes personnages : de quoi vis-tu ?*
>
> Gabriel Marcel, *Le mystère de l'être.*

Dans le champ des thérapies familiales, la plupart des ouvrages tournent autour des symptômes et de leur normalisation. Et dans le champ qui est le nôtre, celui des thérapies familiales analytiques, rares sont les études portant sur les familles « saines » !

Il m'est donc apparu utile et intéressant de chercher à mieux repérer quels processus créateurs sont l'œuvre dans des familles d'artistes, « vivantes ». Si je choisis ce qualificatif de « vivant » plutôt que celui de « normal », « sain », « fonctionnel », c'est bien parce que le concept de « vie » ne se réfère pas entièrement aux concepts tels que « normalité » ou « santé ». Un organisme générateur de vie peut, en effet, présenter certaines perturbations, sans que ces troubles viennent gêner ou avoir une incidence néfaste sur la transmission d'une vie digne de ce nom !

Mais avant d'aborder directement le sujet qui nous occupe, il convient peut-être d'expliciter l'origine de cette recherche. Pourquoi m'intéresser plus spécifiquement aux familles de créateurs et aux processus qui les travaillent de part en part ? Dans ma propre famille, j'ai très tôt été confrontée à cette interrogation : comment vit un groupe familial, ou comment peut-il survivre à certaines situations douloureuses ? D'emblée, je dus me situer dans une famille où les symptômes de divers ordres nécessitèrent une constante élaboration. Comme dans beaucoup de familles, en effet, on considérait qu'un symptôme, quel qu'il fut, était toujours dommageable pour l'individu et souvent aussi pour l'entourage. Jamais, cependant, je n'ai soupçonné quel bénéfice les uns et les autres pouvaient en tirer ; le porteur du symptôme se voyait alors attribuer soit le rôle de victime ou de malade, soit celui d'asocial ou de délinquant au sens large. La parabole évangélique du bon grain et de l'ivraie venait donner une confirmation religieuse à cette façon de penser, et dans tous les cas, l'unique préoccupation était de faire disparaitre symptôme ou... porteur de symptôme !

En tant qu'analyste, comme au cours de plusieurs années de travail à la D.A.S.S., dans un foyer d'enfants et au service des adoptions, j'ai tenu compte de cet aspect protecteur du symptôme. Le but poursuivi n'étant pas de travailler à sa suppression, mais de tenter d'analyser les processus inconscients à la source de ce compromis pathologique. Bien plus, ce qui souvent apparait comme « irrécupérable » dans l'histoire d'enfants abandonnés et souffrant de carences précoces, m'a interrogée et amenée à clarifier cette notion de patrimoine heureux ou malheureux dont chacun dispose au départ.

La réflexion sur les thérapies familiales a apporté un support théorique à certaines intuitions, en prônant par exemple l'intérêt de la « connotation positive du symptôme », voire une prescription paradoxale de celui-ci dans certains cas.

J'ai aujourd'hui la conviction d'aller encore plus loin, en travaillant sur l'étroite connexion entre symptômes et talents. Comment une famille aux prises avec des évènements divers, des fonctionnements psychiques multiples et pas toujours harmonieux, parvient-elle à réguler toutes ces données pour favoriser la circulation de la vie ?

Ayant déjà, il y a quelques années, tenté d'éclaircir ce qui se passe dans une famille lorsqu'un de ses membres est atteint d'une maladie grave (D. Morel, *Cancer et psychanalyse*), j'ai cette fois choisi d'orienter ma recherche autour des forces de vie, même s'il est artificiel de séparer ainsi pulsions de vie et pulsions de mort !

Par ailleurs, des nombreuses constatations que j'ai pu faire, il ressort que les différents rôles tenus par les uns et les autres dans le groupe familial ne sont pas anodins : tel est réputé pour savoir animer une réunion de famille, tel autre fait souvent rire à ses dépens, sans que ce rôle du clown de service soit jamais remis en cause par quiconque. Dans chaque famille, on retrouve le malade, celui à qui arrivent tous les maux, le raté, et parfois aussi, le fou, le sage, le fantaisiste, gaffeur, le pince-sans-rire, le sentimental ou le génie ! Impossible de ne pas s'interroger sur les distributions inconscientes de rôles, surtout lorsqu'elles s'expriment sous des formes rigides, avec blocage sur un seul membre qui focalise alors les forces de vie ou de mort émanant du système familial.

La question qui consiste à savoir comment un individu ou un groupe familial sont conduits à mobiliser leurs pulsions dans un sens ou dans un autre, se pose toujours au cours d'une cure. Par ailleurs, j'ai souvent remarqué que la création servait non seulement de suture a une blessure psychique pour un individu donné, mais qu'elle pouvait aussi devenir une enveloppe réparatrice, sorte de seconde peau, pour tout un groupe familial.

Il peut s'agir d'un processus n'aboutissant pas forcement à une création reconnue, mais nous y retrouvons certaines modalités de réparation et d'inventivité présentes dans tout travail de création. Ainsi, un processus créateur, même s'il se vit à minima, peut favoriser un nouvel équilibre dans une famille marquée par la perte et le manque. L'espace de thérapie peut être reconnu comme cet espace potentiel apte à mobiliser le versant créateur que chacun porte en soi. C'est donc pour affiner nos réponses thérapeutiques que j'ai entrepris cette recherche sur les symptômes et les talents présents dans toute famille.

Suivant quel cheminement, ces groupes familiaux qui présentent certains symptômes douloureux, parviennent-ils à ne pas buter indéfiniment sur les mêmes choses, mais à déboucher sur la mise en œuvre de leurs talents ? « **Porteurs de talents** », ces groupes où vivent ensemble plusieurs créateurs, sont aussi parfois « **porteurs de symptômes** », mais qu'en savons-nous ?

« Ce n'est pas rien que d'examiner les courants profonds de la vie familiale, le lieu où le meilleur comme le pire sont vécus par l'homme ». (J. L. Framo, *Psychothérapies familiales*)

Au siècle dernier encore, les différents registres de la création faisaient l'objet d'une certaine défiance de la part du public. S'adonner à des œuvres de création, sortir des sentiers battus et bousculer la tradition, tout cela était loin de représenter quelque chose de valorisé ou d'honorifique, du moins tant que le créateur n'était pas parvenu à se faire reconnaître... De nos jours, l'état d'esprit a évolué dans un sens beaucoup plus favorable aux activités artistiques, littéraires ou scientifiques, qui supposent toutes un temps plus ou moins long de mise à l'épreuve, d'incertitude, de rêverie pas toujours opératoire dans l'immédiat.

De nombreux travaux ont été effectués, qui tendent tous à démontrer l'intérêt de favoriser le développement de processus créateurs, tant chez l'enfant que chez l'adulte. Nous tenons donc pour acquis cette « valeur » de la créativité et de la création. Mais les processus créateurs ne sont pas en eux-mêmes inoffensifs. En effet, puisant aux sources pulsionnelles de l'individu, ces processus véhiculent des forces de vie, mais aussi des forces de mort. Et il en est de même si nous considérons les modalités relationnelles en jeu dans le groupe familial.

C'est donc essentiellement sur le type de structure familiale favorable à la création, que porte ma recherche. Bien entendu, les familles qui favorisent une démarche créatrice ne sont pas nécessairement des familles sans symptômes. Porter un symptôme peut cependant inciter quelqu'un à créer, pour s'affirmer en contre et dépasser la difficulté en l'intégrant à la création elle-même. Dans certains cas, l'expression pathologique fera place à la mise en œuvre du talent, et nous constatons la disparition du symptôme. Dans d'autres cas, le symptôme demeure. Le rapport du sujet et du groupe au symptôme est cependant modifié par le biais de l'activité créatrice qui facilite la tolérance et l'intégration des éléments pathologiques.

Nous pouvons donc envisager différemment le travail thérapeutique auprès des familles. En tenant compte des hypothèses précédentes, nous pensons qu'il s'agit moins d'avoir pour visée thérapeutique la disparition de symptôme, que de **permettre l'avènement de processus créateurs**.

Par ailleurs, cette recherche sur les familles de créateurs nous permettra de préciser ce qu'il en est de ce tabou de la symbiose. En général, dès qu'un clinicien repère dans une famille un mode de fonctionnement symbiotique, il a tendance à n'en percevoir que les aspects dangereux, au point que la symbiose est souvent assimilée à un fonctionnement pathologique en soi. Or, comme nous pourrons l'observer, c'est aussi là le creuset favorable au jaillissement des activités créatrices. Ainsi, face à la symbiose, nous pouvons envisager des alternatives aux projections castratrices et patriarcales qui prétendent et voudraient « normaliser » les choses.

Enfin, nous verrons qu'une famille vivante permet à ses membres de s'approprier l'histoire familiale, de lever des tabous sur des secrets, des non-dits, concernant plusieurs générations parfois. Elle favorise l'accès à des fantasmatisations fonctionnelles, créatrices et thérapeutiques. Une famille vivante est donc aussi celle qui a le souci de se diversifier en ses membres, en intégrant du mieux possible les différences.

II
Familles d'artistes

2.1. La famille Brontë

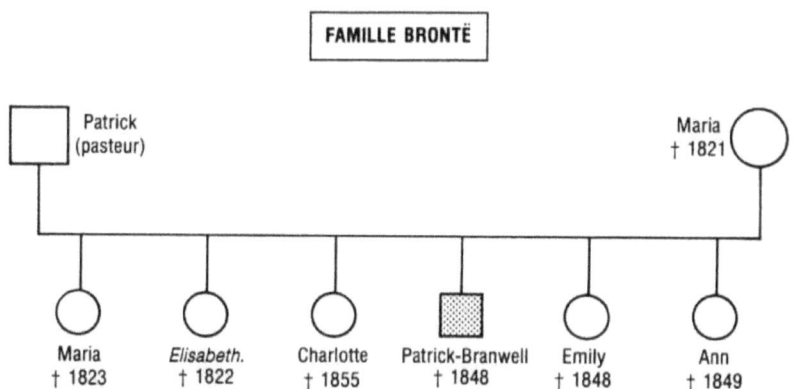

Une mythologie bien partagée

La plupart d'entre nous connaissent l'existence des trois sœurs Brontë, mais savons-nous que Charlotte, Emily et Ann font partie d'une fratrie de six enfants, dont l'unique garçon, Patrick-Branwell Brontë, a longtemps tenu une place de choix dans cette famille ? Les deux sœurs aînées, mortes en bas âge de tuberculose semblaient bien avoir, elles aussi, une disposition toute particulière à inventer des histoires.

Cette famille est marquée par le décès précoce de Madame Brontë. Elle meurt d'un cancer alors que sa dernière petite fille,

Ann, n'a que deux ans. Dans le presbytère isolé du Yorkshire, où Monsieur Brontë est pasteur, les six enfants sont rassemblés autour du corps imaginaire d'une mère morte. C'est une tante maternelle qui vient vivre au presbytère, ne pouvant échapper au devoir qui l'oblige à se sacrifier ainsi, en quittant la ville et la vie mondaine qu'elle appréciait, pour s'exiler dans ce coin perdu de campagne, auprès d'un pasteur austère et très affecté par ce deuil.

« Comme Monsieur Brontë, elle s'enfermait dans sa chambre, laissant les enfants à eux-mêmes. Les cinq petites filles et leur frère ressentaient le plus profond respect pour ces deux grandes personnes en noir qui les traitaient avec autorité, leur inculquaient d'indiscutables principes, les groupaient chaque matin et soir, pour des prières en commun, et ne se mêlaient jamais à leurs jeux... Ils possédaient fort peu de jouets, ils ne connaissaient pas d'autres enfants. » (R. de Traz, *La famille Brontë*).

Nous pressentons combien cette enfance fut triste, d'autant que le peu de ressources du pasteur était érigé en règle de vie. Très jeunes, ces enfants étaient traités en êtres raisonnables, et leur père les invitait à discuter métaphysique à l'âge où d'autres jouent à la poupée. Loin d'en être traumatisés et rendus incapables de goûter aux plaisirs de la vie, ils arrivent à investir massivement l'imaginaire, grâce aux lectures qu'ils partageaient ensuite sous forme de jeux de rôles : « lire était leur passion, et ils s'échauffaient ensemble sur ce qu'ils avaient appris... Ainsi réduits à eux-mêmes, discutant de leurs livres, inventant des histoires, s'enflammant à voix basse pour de belles causes, ces six petits êtres vivaient à moitié dans la réalité quotidienne, à moitié dans des fictions extraordinaires. » (R. de Traz)

En 1823, après les trois deuils successifs de leur mère (1821), d'Elisabeth (1822) et de Maria, leur sœur aînée (1823), les quatre enfants furent encore plus proches qu'auparavant. « Ensemble, ils se sentaient plus en sécurité. Les deux petits qui, restés à la maison, étaient devenus les ombres de leur père et de leur tante, furent attirés par Charlotte et Emily comme les papillons par la flamme. Branwell par Charlotte ; Ann par Emily. » (D. du Maurier, *Le monde infernal de Branwell Brontë*). C'est alors que naît le partage par couples, qui donna lieu à de multiples productions littéraires, dont les fameux « juvenilia ».

« Charlotte, d'un an l'aînée de Branwell, et dont l'imagination prenait feu au contact de la sienne, était toujours prête à modeler son humeur sur celle de son frère. Elle se transformait en aventurier ou en prince, en soldat ou en bandit, personnages que tous deux inventaient selon la leçon du jour, l'histoire qu'ils avaient lue à haute voix ou les faits relatés dans les journaux. Comment les grandes personnes auraient-elles pu ignorer l'existence de ces personnages et de ces lieux auxquels les deux enfants faisaient allusion comme s'ils existaient en réalité, échangeant des sourires et des regards complices ? » (D. du Maurier)

Les deux aînés gardaient leur jeu secret ; ils cachaient leurs manuscrits avec soin et tenaient avant tout à ce que personne ne pût identifier un être réel sous le masque d'un de leurs personnages ; c'est ainsi qu'ils parlaient de leur création à deux comme d'un « monde infernal »; toutefois, au-delà de ce partage par couples, il n'est pas abusif de parler d'une mythologie à quatre, d'une véritable geste commune produite par ce même creuset familial.

Raymond Bellour parle même d'un « texte à quatre voix, dont les formes complémentaires et successives (le jeu du frère et de la sœur, le jeu des sœurs, puis le jeu des trois sœurs, quand, à partir de l'échec de Branwell, elles entrent dans l'espace de la publication) sont les transformations d'une même matrice. » (R. Bellour, *Le jeu du frère et de la sœur*)

Le destin du seul garçon de la fratrie mérite d'être considéré de plus près. Nous savons que, favori d'un père qui retrouvait en lui son ardeur juvénile et prenait plaisir à le faire travailler, Branwell était admiré, voire adulé par tout le monde en raison de ses nombreux talents, qu'il s'agisse d'écriture, de peinture et d'une personnalité attachante par sa jovialité et sa pétulance.

Ainsi, semble se dégager très tôt une mission flatteuse au sein du groupe familial : « Ses sœurs le considèrent comme un héros, confiné, il est vrai, dans un village, mais qui ne peut manquer de s'imposer un jour au monde. Elles regardent avec un orgueil mêlé d'attendrissement ce frère exceptionnel qui, seul capable de conjurer le mauvais sort, apportera au clan Brontë une merveilleuse revanche. Et Branwell, assuré de son mérite, de sa chance, accepte d'être l'espoir de la famille.» (R. de Traz, *La famille Brontë*)

Cependant, une certaine inconstance et une faiblesse de caractère vont entraîner Branwell dans une forme de déchéance de plus en plus marquée. Actes de violence et manifestations de désespoir intense en sont les signes. Branwell se réfugie alors dans l'alcool.

Plusieurs éclairages peuvent être donnés, pour rendre compte de la position particulière de Branwell au sein du groupe familial. On peut évoquer quelque pathologie imbriquée, non seulement entre Charlotte et lui, mais aussi avec sa sœur Emily. Cette dernière, en effet, semble se plaire aux violences de son frère, car elle peut y reconnaître certaines tendances qu'elle arrive à contenir et que son frère met en acte à sa place ; ainsi, « Branwell passe comme un fantôme, tantôt voilé, tantôt douloureusement identifiable, à travers les livres de ses sœurs... Il a collaboré à plusieurs ouvrages: *Wuthering Heights* (*Les hauts de Hurlevent), Jane Eyre*, mais sans le savoir. Ses sœurs ont souffert avec lui du terrible drame qu'il leur racontait, elles ont connu ou peut-être reconnu, à travers ses confidences, les malaises et les violences de la passion, et c'est en partie d'après lui qu'elles ont représenté l'amour dans leurs œuvres. » (R. de Traz)

Toutefois, on peut se demander si Branwell lui-même n'était pas habité par un fantôme, un de ses ancêtres dont la vie ou les attributs n'auraient pu être métabolisés par un de ses parents ?

Quand on essaie de retracer la vie de la famille Brontë, on ne peut rester insensible au caractère dramatique de cette existence groupale et individuelle : pauvreté, maladies et deuils rapprochés (Ann décède à vingt-neuf ans, Emily à trente, Branwell à trente et un et Charlotte à trente-neuf ans !), échecs répétés des uns et des autres ; toute cette souffrance, cette solitude n'épuisent pas pour autant la réalité de cette famille. Et c'est à ce propos, que nous pouvons évoquer leur extraordinaire capacité à transformer la réalité, à la modeler de telle sorte qu'une œuvre de création reconnue à travers les âges puisse enfin voir le jour !

Les déboires ne les aigrissent pas, ni ne les endurcissent. Les sœurs Brontë demeurent sensibles et tendrement unies. Cette étonnante vitalité, est sans doute due à leur génie. Si elles n'abdiquent pas, c'est qu'elles ne peuvent mourir avant d'avoir pu exprimer toute la vitalité qu'elles portent en elles.

« Tout ce qui leur arrive, les drames comme les mornes ennuis, la douleur aussi bien que la passion, elles le transmuent.

Elles ont été sauvées par leur pouvoir de métamorphose. Elles suppléent à leur existence mesquine et dépouillée par le rayonnement de leur vie intérieure. » (R. de Traz) C'est sans doute une des façons de mettre en œuvre le goût du bricolage, activité qui ne consiste pas seulement à savoir fabriquer des objets nouveaux, mais à se montrer capable de transformer une réalité donnée en quelque chose de neuf, chargé alors d'un sens beaucoup plus large.

Nous sommes en droit de penser que cette frénésie à trouver mots et images pour dire l'indicible et penser l'impensable, se greffe directement sur cette nécessité qui incombe à chacun, de digérer et donc de transformer certains non-dits familiaux. Faute de pouvoir recueillir d'autres éléments significatifs sur cette généalogie familiale, nous allons nous limiter à rechercher ce qui caractérise les Brontë, dans la mesure où nombre de leurs traits de caractères sont communs aux différents membres de cette famille.

- Leur aptitude à inventer, à respirer une atmosphère mythique et à vivre des existences fictives, est aussi surprenante que la grande précocité dont ils font tous preuve. Doués pour tous les arts, ils assimilent aisément une culture riche et variée. Il semble qu'ils aient ainsi pu compenser la monotonie de la vie au presbytère, en intégrant ces connaissances culturelles à toutes sortes de rêveries, voir même à quelques hallucinations...

Déjà, Maria et Elisabeth laissent entrevoir ces mêmes dispositions, avant de mourir à dix et huit ans. Cela leur permet de se dédoubler, de revêtir des personnalités différentes, et c'est ce pouvoir de dissociation qui les aide parfois à échapper à l'inquiétude et à la peur en opérant cette métamorphose spirituelle dont nous avons déjà parlé.

Les Brontë sont tous très religieux, suivant en cela l'exemple de leur père pasteur. Privés de relations humaines, ils nouent avec l'invisible et avec Dieu une relation tout-à-fait privilégiée.

Cette religion se vit aussi dans une sorte de fraternité avec la nature. Pendant des journées entières, les enfants Brontë vagabondent dans la lande sans surveillance. Ils trouvent dans le vent, les nuages et la pluie de ces régions mystérieuses et sauvages, une consolation, une inspiration, un remède aux aspérités de leur morne existence. Privés de mère, ils découvrent dans la nature un refuge contre la solitude. La lande devient alors une sorte d'espace transitionnel dont nous saisissons l'importance à travers les œuvres des sœurs Brontë.

Nous voici donc en présence d'un clan très serré, solidaire, où frère et sœurs vivent une profonde connivence, une complicité tellement vivace que les uns et les autres languissent lorsqu'ils sont séparés. Les confidences qu'ils échangent et les projets auxquels frère et sœurs collaborent constituent une perpétuelle transfusion de pensée... Un seul être en plusieurs personnes. Nous avons vu comment ils ont su s'attirer l'un l'autre jusque dans la tombe, affirmant par là leur difficulté à vivre séparés. Chez les Brontë, l'impact des forces d'affiliation au groupe est si prégnant, qu'il prédispose tous les membres de la famille à une expérience intérieure de type symbiotique. Il s'agit même d'une véritable symbiose familiale, telle que nous l'observerons dans d'autres familles de créateurs, tels les James ou les Bonnec.

Ce rapport étroit à la mort est sans doute aussi un des moteurs de leur écriture et de leurs créations littéraires, une façon de disputer un coin de ciel à l'ombre de la mort. « Des livres ou des cadavres ? Que les cercueils soient pleins ou des uns ou des autres, c'est une des façons d'énoncer le rapport que le jeu, comme activité d'écriture, entretient avec la mort. Mort des uns ou des autres : les personnages mis à mort et ressuscités. » (R. Bellour, *Le jeu du frère et de la sœur*).

La coexistence chez chacun, d'une passion ardente, d'une force combative dévorante et d'une fragilité maladive, d'une tendance à l'angoisse et à la dépression est également caractéristique de cette famille. Un esprit fort dans un corps faible, tel pourrait être le mythe de ce groupe familial dont chacun des membres se mésestime en se montrant scrupuleux et exagérément humble. Pourtant, nous observons la réaction diamétralement opposée chez Branwell, qui, sur le mode d'une formation réactionnelle, jette des défis et exalte son orgueil pour plonger ensuite dans des abîmes de désespoir ! Ainsi, ce garçon à la mission si lourde, « n'est pas moins excessif dans la chute que dans l'élan, et il exige que sa déchéance soit totale. »

La violence caractérise aussi tous les Brontë. Plusieurs faits attestent que non seulement Monsieur Brontë était un homme facilement emporté, mais qu'il se plaisait aux disputes et même aux histoires de coups des gens de sa paroisse. Nous ne savons à quelle violence généalogique attribuer cet intérêt du père, mais nous retrouvons trace de cette même violence dans les romans des trois sœurs. Passion de la liberté, libération des interdits animent les romans de Charlotte et Emily, et s'accompagnent de scènes de violence inouïes ! Quant à l'œuvre plus moralisatrice d'Ann Brontë, elle n'est pas exempte de cette quête de vérité qui défie la violence de certains secrets familiaux.

« J'ai voulu dire la vérité, car la vérité apporte toujours sa propre morale à ceux qui sont capables de la recevoir... »

Il semblerait que si les enfants Brontë tiennent de leur père le sens du surnaturel et le goût de raconter des histoires (leur grand-père paternel, paysan, était un célèbre conteur d'histoires), ils ont aussi hérité de lui cette disposition à l'angoisse, cette intransigeance de caractère qui les rend violents et indomptables, et aussi une certaine mythomanie que leur père tenait de ses ancêtres.

Quant à la branche maternelle, nous savons qu'il s'agissait d'une famille cultivée et brillante, ce en quoi nous reconnaissons la vivacité d'esprit et la précocité de chacun des enfants Brontë.

Ces quelques éléments ne peuvent cependant suffire à éclairer les stratégies inconscientes qui ont eu sur cette famille une influence décisive. Au-delà de cette ambiance familiale à la fois froide, austère et chaleureuse, nous nous heurtons à de multiples paradoxes. Quant aux symptômes névrotiques, psychosomatiques et même parfois psychotiques qui affectent les différents membres de ce groupe familial, ils nous apparaissent être l'expression de tout un héritage d'événements, de prénoms, d'affects, de fantasmes encombrants.

René Kaes parle de « transmissions négatives » pour désigner le magma qui passe directement à travers les générations, sans être transformé, et qui demeure ainsi un corps étranger pour la psyché du sujet. La famille Brontë, qui voit encombrer son chemin vers la création par des symptômes non négligeables, illustre bien cette question essentielle.

Dans ce type de fratrie, la mise en résonance est donc mutuelle, si bien que chacun est tour-à-tour celui qui soutient la créativité de l'autre, et celui qui peut mettre en œuvre la sienne propre grâce à ses relations fraternelles.

Considérons maintenant la communauté de destin qui unit les enfants de la fratrie. Cette solidarité n'est certes pas spécifique d'un mode de relation propre aux membres des familles de créateurs ; toutefois, ce qui ressort avec une fréquence significative, participe d'une histoire familiale très tôt marquée par la perte, par le manque.

Il peut s'agir d'un manque matériel : pauvreté, conditions de vie difficiles comme chez les Bach où Jean-Sébastien doit chanter pour aider son frère aîné à le nourrir, ou chez les Brontë où s'ajoutent aux revenus peu élevés du père pasteur dans un petit village pauvre d'Irlande, une détermination à éduquer ses enfants selon des règles d'austérité et de privation.

Souvent aussi, et c'est le cas pour la famille Brontë, il s'agit de combler une perte affective douloureuse : décès précoce de la mère et des deux sœurs aînées. Face à cette situation de rupture profonde, on assiste à un regroupement fraternel, à une cohésion affective d'autant plus dense qu'elle sert de protection contre un nouvel éclatement possible. Ensemble, on a plus chaud, on est plus fort. Resserrement des liens fraternels, mais surtout compensation efficace par le déploiement de processus créatifs : l'ingéniosité sous ses différentes formes vient réparer ce qui est cassé, recoudre la déchirure. Janine Chasseguet-Smirgel, reprenant le terme utilisé par Mélanie Klein, a étudié le rôle de la « réparation » dans la création, mettant ce mécanisme en relation avec les angoisses paranoïdes qui peuvent être ressenties. Ce pouvoir de métamorphoser la réalité, de transmuer la douleur, les drames, les ennuis aussi bien que certains émois proprement passionnels, est ce qui a sauvé les sœurs Brontë, les James, les Perrault et bien d'autres encore.

Ainsi, nous voyons comment la nécessité de se fabriquer soi-même jouets, vêtements, meubles et divertissements divers favorise le goût du bricolage et de la mise en œuvre d'une certaine inventivité. Ce sens du bricolage, induit au départ par une nécessité matérielle, se retrouvera par la suite sous d'autres modes que nous évoquerons plus loin.

Ce qui est notable dans ces fratries de créateurs, c'est l'entraide et la stimulation mutuelle des frères et sœurs dans cette activité de « bricolage ». On fait les choses ensemble, et on trouve un plaisir partagé à voir sortir un objet, une idée, de cette réflexion commune, de ce creuset fraternel où sont malaxés toutes sortes d'ingrédients, des plus concrets aux plus subtiles événements familiaux, affects plus secrets, traits de personnalité, tout ce qui constitue pour cette fratrie en mal de création, un fabuleux « trésor » d'éléments hétéroclites.

Nous l'avons vu, lire et écrire était la passion des Brontë. Les enfants s'échauffaient ensemble à partir de leurs lectures respectives et mettaient en scène dans des jeux improvisés ou parfois très élaborés, les personnages mythiques qu'ils rencontraient au détour d'une page d'histoire ou d'un roman.

Cette mise en place d'une activité d'élection propre au groupe familial, semble constituer une sorte d'objet transitionnel groupal, quelque chose autour de quoi se rassemblent les expériences créatrices des membres de la famille.

Ainsi considérée, la famille devient alors une aire intermédiaire d'expérience entre l'intérieur et l'extérieur, un espace potentiel où les fantasmes individuels trouvent leur prolongement dans le fantasme commun au groupe, un lieu privilégié où le doute, le paradoxe, l'ambiguïté peut être tolérée.

La fonction transitionnelle de la famille fait du cadre familial un « conteneur » de choix où, par-delà l'expérience d'union et de séparation, d'indifférenciation et de différenciation, s'articulent des symboles trouvés à partir des projections des uns et des autres sur ce cadre familial.

« Le conteneur fournit le support actif, transformateur, aux projections imaginaires du patient. C'est par le conteneur que s'établit l'échange primordial qui, dans la symbiose, consiste dans le mécanisme primitif de l'identification projective. Sans un conteneur qui les reçoit, les métabolise ou les conserve, en fonction de l'état de l'enfant et de ses besoins, il n'y a pas de vie psychique possible.» (R. Kaes, *Crise, rupture et dépassements*)

La famille Brontë a-t-elle offert à ses membres cet environnement apte à métaboliser les différents mouvements psychiques (dépressifs, persécuteurs, agressifs) liés au travail de la création ? La vie n'est pas toujours facile dans cette famille ! La maladie y trouve place comme ailleurs, les conflits et les échecs aussi, mais contrairement à d'autres groupes familiaux où des événements analogues pèsent sur la vie psychique des sujets, sans trouver d'issue satisfaisante, nous voyons se travailler, s'élaborer les expériences de rupture, et transformer une réalité parfois dure en véritable création.

C'est, en effet, en tant que premier public, que la famille assure à ses membres une bonne structuration narcissique. Nous savons combien les frères et sœurs sont loin d'être toujours tendres dans leurs critiques respectives, principalement au cours de l'enfance et de l'adolescence, mais cette fonction critique n'est nullement négative pour le créateur en herbe, si son « œuvre » ne lui revient pas abîmée et détruite par sa propre famille, mais enrichie des nouveaux apports de cette triangulation entre son objet interne externe (ce qu'il a créé), le public (famille, amis) et lui-même.

Donner à voir, à toucher ou à entendre aux autres membres de sa famille, ce qui du monde interne de l'individu apparaît comme bel et bon, c'est rendre hommage à ce qui dans la famille a pu favoriser cette intériorisation d'un bon objet.

C'est reconnaître que la famille a su être un bon contenant permettant à chacun de s'exprimer publiquement. Nous avons donc affaire à un parti-pris de confiance qui articule au mieux dette et gratitude, revanche et pardon, anciens comptes à régler et illusion d'avaliser ainsi le solde non acquitté.

2.2. La famille Claudel

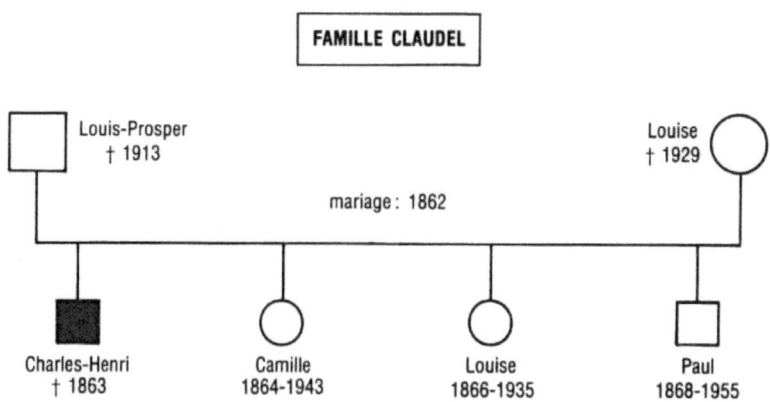

De secret en secret, la famille-cage

Villeneuve-sur-Fère, c'est dans ce village du Tardenois que vécut longtemps la famille Claudel. Voici comment, parlant de son « pays », Paul Claudel nous transmet quelque chose de l'atmosphère familiale : « Je suis né à l'ombre du clocher, dans une vieille maison qui servait et sert encore aujourd'hui de presbytère.

Elle fut l'habitation de mon grand-père, le docteur Athanase Cerveaux, pour qui mon cœur est plein d'admiration et de respect. Puis nous intégrâmes la petite maison construite par son frère, curé du village... Villeneuve est un rude et austère pays... Il y pleut beaucoup, et quand il y pleut, c'est durement, violemment, et j'allais presque dire passionnément. Il y fait un vent terrible qui fait tourner sans arrêt le coq du clocher et grincer la girouette de notre modeste logis... Villeneuve, bâti sur une espèce de promontoire, jouit de quatre horizons, tout aussi peuplés pour moi, aussi riches de suggestions et de légendes que ceux de l'Edda... Tel que je me le rappelle aujourd'hui, tout cet immense paysage découvert à mes yeux était plein d'une tragédie latente, celle que j'ai essayé de réaliser dans mes premiers balbutiements dramatiques de
« Tête d'or » et de « La ville », plein de menaces, de présages, de méditations et de sanglots. » (« Mon pays » dans *Œuvres en prose*, p. 1005-1007)

Les trois enfants Claudel grandirent dans cet environnement austère, où l'on cherche à préserver la noblesse du rang de la famille. Paul Claudel a pu comparer l'ambiance familiale qui existait à Villeneuve, à celle des « *Hauts de hurlevent* », et nous pouvons dire à celle de la famille Brontë. Ces lignes éloquentes d'H. Guillemin nous évoquent quelle image idéale de la famille était imprégnée dans les esprits : « On était les Claudel, dans la conscience tranquille et indiscutable d'une espèce de supériorité mystique, inabordable, soudés dans la certitude de leur différence. » (H. Guillemin, *Le converti P. Claudel*).

Le père, Louis-Prosper, est receveur des impôts. Il apparaît comme un homme fier et facilement emporté, assez intransigeant, mais qui sait pourtant rester sensible au génie artistique de sa fille Camille, ainsi qu'au talent de son fils Paul. Celui-ci dépeint son père comme « une espèce de montagnard nerveux, emporté, coléreux, fantasque, imaginatif à l'excès, ironique, amer, insociable et fier. » (Cahiers Paul Claudel)

Certaines lettres que Louis-Prosper adressait à son fils témoignent de sa sensibilité et de son admiration pour ses enfants : « Je me plonge dans cette lecture (*L'arbre*) rafraîchissante, comme dans un bain calmant ; mais une autre fièvre me saisit, celle d'une admiration de plus en plus enthousiaste... Je te salue, grand penseur, grand artiste, grand poète, grand génie. Mais comme je devine combien tu as dû souffrir, mon pauvre cher enfant. Moi du moins, je te comprends et je ne résiste pas au besoin de te le redire dans toute la sincérité de mon affection débordante. » (*Cahiers P. Claudel*).

Quant à la mère, Louise Cerveaux, fille de médecin, elle apporte à la famille les terres, ce qui permet aux Claudel de régner en hobereaux. Elle est décrite comme une femme de devoir, résignée, d'allure paysanne accusée. Les divers témoignages s'accordent à reconnaître qu'elle n'offrait pas aux enfants l'affection et la tendresse d'une mère.

Par ailleurs, une mésentente conjugale profonde, mais sur laquelle nous avons peu d'éléments, a marqué la vie du couple et retenti sur l'ambiance familiale. Charles-Henri, le fils aîné est mort à quinze jours. Ce décès est très difficile à assumer, principalement pour la mère qui aurait préféré donner naissance à un second garçon, pour compenser cette perte.

Camille, née seize mois après ce deuil, vient prendre la place de ce frère mort. Voici, selon Anne Delbée, ce que la bonne de la famille disait à Camille : « Ton père partait tout seul à la tombée de la nuit, il marchait pour oublier, comme s'il portait la mort en lui. Ta mère lui en voulait. Un premier-né ce n'est pas toujours une réussite... Alors ils ont commencé à se disputer. Ta mère avait peur. Ton père devenait violent. Quand tu es née, ton père était fou de joie. Ta mère voulait un garçon. Elle ne voulait pas te reconnaître. » (A. Delbée, *Une femme*).

Nous ne pouvons prendre à la lettre les propos prêtés par Anne Delbée à la bonne, car il s'agit d'une histoire romancée de la famille, vue sous un éclairage particulier. Toutefois, d'autres textes témoignent des relations difficiles qui existaient entre Camille et sa mère. Camille se fait pourtant reconnaître par ses talents de sculpteur, essentiellement soutenue par son père, et plus tard par son frère Paul. Louise, sa sœur cadette, est décrite comme une enfant fragile, plutôt triste et sage ; elle a, de ce fait, le droit de jouer du piano, ce qu'elle fait remarquablement bien. Il semblerait que chez les Claudel, les alliances se soient réparties, d'une part entre la mère et sa fille Louise, d'autre part entre le père et ses deux autres enfants : Camille et Paul.

Une complicité très étroite unissait Camille et Paul, au cours de leur enfance, ainsi Camille emmenait son frère dans ses randonnées, lorsqu'elle pétrissait la terre et, devant les pierres géantes de la vallée, lui confiait son désir d'être sculpteur. Cette complicité fraternelle se retrouve souvent au cours des scènes familiales ou dans leur correspondance ultérieure : le père dansait avec sa fille, soudain « Louis-Prosper s'est arrêté, fatigué de cette ronde folle, et Paul attrape sa sœur et les voilà qui tourbillonnent, hurlent de rire, comme lorsqu'ils étaient enfants. L'un revient de Notre-Dame, l'autre travaille aux Portes de l'enfer. Ni l'un ni l'autre n'ont livré leur secret. Qu'importe ! Ce soir ils sont fous de joie. » (A. Delbée, *Une femme*)

C'est toujours auprès de son père, que la jeune adolescente trouve un allié qui soutiendra ce désir d'être sculpteur. Camille a du mal à composer avec l'austérité de sa mère, et dans toute la violence de son désir, ne comprend pas l'extrême retenue de sa mère et de sa sœur : « Camille déteste ces femmes qui ne disent jamais ce qui leur fait ou non plaisir. Eternelles victimes, elles se sacrifient à tout jamais... Elles ont dressé un tel barrage devant le plaisir que même un plat, une fleur, ne provoquent plus chez elles le moindre acquiescement. » (A. Delbée, *Une femme*).

Camille continuera d'évoluer ainsi, entre une mère qui ne peut concevoir que sa fille ait une personnalité aussi bien trempée, farouchement indépendante et si peu conforme aux traditions bourgeoises d'alors, et un père qui non seulement reconnaît le génie de sa fille, mais s'en montre véritablement fier, lui qui aurait tant aimé réussir mieux qu'il ne l'a fait !

Camille Claudel devient le jouet du conflit parental, d'autant plus glorifiée par son père, qu'elle est injustement rejetée par sa mère. Quant aux relations entre les deux sœurs, elles étaient empreintes de forte rivalité affective et de haine. Dans *La jeune fille Violaine* Paul Claudel affirme avoir transposé la rivalité entre Camille et Louise, ainsi que les éléments du nœud familial où lui-même se trouvait pris. « Pourquoi est-ce que tu es née à ma place ? Mais je saurai prendre la mienne. » (*La jeune fille Violaine*).

Cette usurpation de la place constitue effectivement un des ressorts des drames écrits par Paul Claudel, et s'exprime sous forme de violence meurtrière, qu'elle revête un aspect fratricide ou parricide. Le dramaturge a pu, grâce à l'écriture, transposer sur scène les conflits qu'il vivait au sein de sa famille. Il est ainsi parvenu à établir des correspondances entre l'Orestie d'Eschylle et son propre drame familial tissé d'oppositions entre les parents, entre parents et enfants et au sein même de la fratrie : « Mon père avait fait de sa famille un cercle fermé où l'on se disputait du matin au soir. »

Pourtant, si Camille et Paul sont dotés d'un même potentiel créateur et d'une grande capacité de sublimation, très vite nous remarquons que chez le frère et la sœur, l'articulation entre réel et imaginaire s'établit différemment.

Paul Claudel est vite nanti sur le plan de la réalité : en tant que diplomate, il véhicule son nom partout avec une facilité déconcertante, et acquiert ainsi un certain renom auquel vient s'ajouter une sécurité financière non négligeable !

Camille, de son côté, se bat immédiatement avec un réel démoniaque. La voie qu'elle a choisie, la sculpture, l'oblige à investir beaucoup d'argent dans ses matériaux ; non seulement le réel ne lui vient pas en aide, mais l'imaginaire la dévore ! Elle s'acharne à sculpter des volumes qui ressuscitent la vie ; elle se donne la place que sa mère lui a refusée, luttant de toutes ses forces pour sortir de son statut d'enfant mort. C'est ainsi que Camille Claudel s'adonne à la sculpture contre le gré de sa mère, mais largement encouragée par son père. Cette position quasi incestueuse se voit rééditée dans la rencontre amoureuse entre Camille et son maître, Rodin.

Dans la première version de *La jeune fille Violaine*, Mara accuse sa sœur de s'être déshonorée, et Jacques Hury la soupçonne d'une grossesse non avouée. Ce texte de 1892 a permis à Paul Claudel de mettre en scène la relation « condamnable » entre Camille et Rodin, mais surtout, l'évocation dramatique d'une grossesse de Camille vers 1890. Ce « secret » douloureux contribuera à une plus grande solitude et à une période dépressive où Camille s'exile en Touraine, loin de sa famille et des cercles parisiens. Lorsqu'en 1898, âgée de 34 ans, Camille rompt cette relation passionnelle avec Rodin, tout s'effondre pour elle. Reine-Marie Paris, petite-fille de Paul Claudel, qui a mené d'importantes recherches sur la famille écrit ceci : « Cette décision a consacré l'échec de sa vie de femme et a correspondu à un véritable suicide sur le plan de la création artistique. Pour ses contemporains, cette rupture signifiait la fin de sa carrière. De fait, il en a été ainsi, mais pour des raisons qui tiennent au développement de son état psychotique.» (R.M. Paris, *Camille Claudel*)

Ne rapportons pas trop vite le délire paranoïaque de Camille à sa relation avec Rodin ; celle-ci entre certainement en ligne de compte, mais comme un élément d'un ensemble beaucoup plus large et qui se réfère au système familial, système dont Camille, en tant que porteur de symptôme, traduit le déséquilibre. Là où les grossesses de Camille ont donné lieu à des avortements, ou à des naissances d'enfants mort-nés, ont-elles pu, elles aussi, conduire Camille à confier en nourrice ces enfants ? Beaucoup de lettres furent détruites, et si le secret demeure, des présomptions affleurent pourtant.

C'est en 1893, que Camille sculpte le merveilleux buste d'enfant intitulé *La petite châtelaine*, dont elle parle toujours comme de « la petite de l'Islette ». C'est, en effet, au château de l'Islette, que Camille vit sa convalescence, comme c'était là qu'avec Rodin elle passait des vacances estivales. Il n'est pas anodin de lire, à la lumière de cette blessure cachée de Camille, les propos de Henry Asselin, cités par R.M. Paris : « À partir de ce moment-là (1905), chaque été, Camille se mit à détruire systématiquement, à coups de marteau, toutes ses œuvres de l'année. Ses deux ateliers offraient alors un spectacle lamentable, de ruine et de dévastation.

Puis elle faisait venir un charretier auquel elle confiait le soin d'aller enterrer, quelque part dans les fortifications, ces débris informes et misérables. Après quoi, elle mettait ses clefs sous le paillasson et disparaissait pendant de longs mois sans laisser d'adresse. »

Chaque été, Camille Claudel mettait en scène, dans le réel, cette séparation traumatique. Chaque été se rééditaient la destruction de son œuvre de chair, l'enterrement de celle-ci par un charretier et l'exil d'une mère dépossédée. Faute d'avoir pu trouver dans son entourage familial un « contenant » à même d'accueillir et de transformer ces événements douloureux, Camille rejoua dans le réel cette fracture symptomatique. Un psychodrame méconnu comme tel, qui ne pouvait donc prendre sens et devenir suffisamment cathartique pour elle.

Mise en acte répétitive, non seulement de ses propres blessures, mais sans doute aussi, de celles d'une mère meurtrie par la mort de son premier-né, Charles-Henri, elle-même porteuse de quel souhait de mort inconscient, venu des générations précédentes ? À l'appui de cette lecture, nous disposons des œuvres et des lettres de Camille Claudel.

- 1893, *Clotho. La Parque*. Sculpture du destin dramatique, de la mort. « Il y a aussi cette Clotho, cette destinée fileuse de son propre écheveau, cette vieillarde gothique telle qu'une araignée emmêlée avec sa propre toile. » (P. Claudel, *Ma sœur Camille*, p. 280).

- 1893, *La petite châtelaine. Jeanne enfant. L'inspirée*. D'autres versions de cette sculpture furent réalisées en bronze et en marbre, en 1894, 1895 et 1896.

- 1893, *La faute* « Une jeune fille pleurent, accroupie sur un banc; ses parents la regardent tout étonnés. » (lettre à Paul) Camille a corrigé la faute d'orthographe "*pleurent*", qui prend ici un sens particulièrement signifiant. Camille est-elle seule à pleurer ?

- 1894, *Les causeuses. Les bavardes. La confidence.* De quoi parlent, cachées par un paravent, toutes ces femmes, sinon de ce qu'il faut taire ou ne dire qu'à voix basse... « Trois personnages en écoutent un autre », écrit Camille à son frère en 1893.

- 1894, *L'implorante. Le Dieu envolé.* Cette sculpture est une partie détachée du groupe intitulé l'*Age mur*. « Deux monuments terribles subsistent de cette destinée manquée et de cette espérance trahie. Ils s'appellent « l'Age mur ». Tous les deux d'une telle force, d'une telle sincérité presque terrifiante, à la fois d'amour, de désespoir et de haine, qu'ils outrepassent les limites de l'art où ils ont été réalisés... Le long membre qui part de l'épaule gauche et qui a l'air de s'adonner à l'implorante, en réalité c'est l'instrument de la libération, il la repousse ! Il la déchire, la déchirure est là, béante. » (*Ma sœur Camille*)

Dans un long commentaire de cette œuvre, Paul Claudel exprime avec force la tragédie de Camille dans sa relation à Rodin, et dans sa relation à son propre frère. Dans un mouvement d'identification à l'homme sur lequel Camille exerce un terrible ascendant, le frère comme l'amant repoussent la femme qui les emprisonne.

- 1894, *Premiers pas*. De quel enfant ?

- 1895, *Le violoneux*. Trois petits enfants assis par terre écoutent un vieux joueur de violon » (Lettre de Camille à Paul)

- 1897, *La vague*. « La voûte peu à peu se creuse, elle surplombe, elle s'arme de toutes ses griffes de la ménagerie japonaise. Elle va s'abattre. Non ! dit la petite figure nue au-dessous déjà repliée sur les jarrets, qui appelle, qui attend, attendez que je sois complète, laissez-moi le temps d'avoir mes sœurs avec moi que nous y soyons toutes, ces deux sœurs toutes pareilles que j'ai déjà saisies de la main droite et de la main gauche et qui ne sont autres que moi-même ! » (Paul Claudel, *Ma sœur...*, p. 284).

Camille est sous la vague menaçante, pense son frère, certes, mais comme toute œuvre d'art, cette sculpture ne s'épuise-t-elle pas sous un seul symbole. N'est-ce pas aussi l'enfant, les enfants de Camille, qu'elle sculpte ainsi, bientôt engloutis, ou sa propre fratrie, cette cellule familiale sous la menace d'orages, de retournements de violence imprévisibles ?

- 1898, *Persée et la gorgone*. « Quelle est cette tête à la chevelure sanglante qu'il élève derrière lui, sinon celle de la folie ? Mais pourquoi n'y verrai-je pas plutôt une image du remords ? Ce visage au bout de ce bras levé, oui, il me semble bien en connaître les traits décomposés. Le reste est silence.» (*Ma sœur*, p. 285).

Il nous faut rapprocher ces lignes de cet autre commentaire de Paul Claudel sur une série de tableaux, dont *La folle de Géricault* : « La défiance à l'égard de tout, c'est ce qui caractérise le mieux la physionomie de cette épouvantée, de cette réfugiée, vivante, hors de la vie ! Voyez, à sa droite, cet œil à jamais refusé au sommeil qui surveille l'ennemi, et vers nous cet autre œil intense, aiguisé par la peur, qui nous perce jusqu'au plus profond de notre mauvais dessein ! L'horreur l'a replié à jamais dans une attitude défensive !... Et moi-même, ce visage panique, suis-je sûr de ne pas l'avoir évoqué quelquefois devant la glace ? (« Seigneur, apprenez-nous à prier » dans *Œuvres complètes*). Il est évident que Paul retrouve dans cette peinture, le portrait terrifiant d'une sœur persécutée et sur la défensive.

Mais il avoue s'y reconnaître aussi, et apercevoir l'image de ses propres angoisses, de sa propre folie non mise à jour. En cela, tous les écrits de Paul sont émouvants et riches pour notre recherche. Camille est le porteur de symptôme du groupe familial, mais Paul en est le porte-parole, il dit dans son œuvre ce que les autres membres de la famille ne pouvaient voir en face.

Ce rapport au secret, Paul Claudel l'a connu de différentes façons et notamment, en ne pouvant pas avouer aux siens sa conversion religieuse. De 1886 à 1890, il gardera cela secret, de peur de se voir raillé par sa famille. La violence, la passion, il les exprime aussi dans son intransigeance religieuse, sa force de conviction.

De la même manière, l'œuvre de Camille est marquée par l'absence, le vide, la distance, et c'est une constante que nous retrouvons aussi bien chez Paul que chez le père Louis-Prosper. Les biographes s'accordent à dire combien les absences du père ont marqué la vie des enfants Claudel et sans doute aussi de son épouse..., mais Paul fut également souvent et longtemps absent en raison de son travail de consul. Camille a souffert autant de l'absence de son père que de celle de son frère, d'autant qu'elle avait connu avec lui une complicité profonde. Paul, dans un texte intitulé *L'absent professionnel*, nous donne quelques clés pour mieux comprendre le sens de cette absence.

« Le professionnel de l'absence, dont le sort, c'est le cas de le dire, étrange, la vocation, la condition même de l'existence, est de ne plus tenir à rien qu'au seul fil qui le transporte... d'un lieu à l'autre, c'est le diplomate et surtout le consul... La place qu'il a laissée vide en France, là-dessus son premier retour a réussi à l'édifier. On se passe parfaitement de lui. Il est hors de la patrie. À la fois bizarrement présent et posthume. On n'a qu'à souffler dessus, il n'est plus là. « He does not belong », comme disent les Anglais... Contre tous les embêtements, le départ est là tout prêt, tout prêt, comme un recours, comme une référence, comme un asile grand ouvert. » (*Œuvres en prose* p. 1248-1249) Chacun semble inconsciemment chargé de revivre dans sa propre vie une absence.

Laquelle ? Nous manquons d'informations sur la vie des grands-parents paternels, mais un tel éclairage permettrait certainement d'effectuer une lecture de ces transmissions généalogiques qui s'inscrivent dans des actes-symptômes faute d'avoir été élaborés en leur temps.

Le père ne se remettra jamais de devoir laisser sa fille dans les conditions d'isolement qui furent les siennes ; plusieurs de ses lettres adressées à Paul témoignent de son souci de rétablir l'harmonie dans sa famille : « C'est avec un crève-cœur que je laisserai Camille à son isolement. Quel malheur que ces discussions, ces discordes en famille, cause d'immense chagrin pour moi. Si tu pouvais m'aider à rétablir l'harmonie, quel service tu me rendrais ! » (Louis-Prosper Claudel, lettre du 2 août 1904).

Il est remarquable de voir comment, dans un texte de 1954, onze ans donc après le décès de Camille, Paul Claudel reprend l'image de Persée et la gorgone, en l'enrichissant d'un symbolisme bipolaire concernant la femme : « Apollon !... Don de mort, à ma place va-t'en faire un autre bien riche ! » Que de fois n'ai-je pas pensé à ces vers effrayants en regardant l'image de ma pauvre sœur Camille décédée après trente ans de captivité à l'hôpital de Montfavet !... Aux dernières lignes de la tragédie se tourne vers nous un visage que pétrifie la même horreur qui pâlissait le visage de Cassandre, celui de la Gorgone que ma sœur à la fin de sa vie consciente a vu se réfléchir dans le bouclier de Persée. »

Et dans une note rajoutée à cette conversation sur Racine, Claudel nous confie comment, depuis sa conversion, il est marqué par le texte des Proverbes, sur la femme symbolisée par la Sagesse. Il précise que ce texte est aussi l'épître de la fête de l'Immaculée Conception. Or Camille est née un 8 décembre, c'est-à-dire le jour même où se célèbre l'Immaculée Conception ! Dans un mouvement de récréation, Paul métamorphose sa sœur, cette femme redoutable et séquestrée en une Vierge pleine de Sagesse : « La séquestrée est sortie ! Elle est sortie de sa cellule !... Ce qui émerge, radieux dans le soleil levant, ce n'est plus une folle, une vieillarde terrifiée et cynique, c'est notre âme même sans aucune ride ou tâche, c'est le type à jamais de toutes les âmes, c'est la Sainte Vierge, c'est l'Immaculée Conception, c'est cette figure sublime que l'Eternel avait posée à la rencontre de Ses yeux pour S'encourager à créer le monde ! » (*Seigneur apprenez-nous à prier*).

Où Camille et Paul Claudel ont-ils puisé leur génie, sinon dans ce creuset familial bouillonnant, où les conflits s'expriment violemment, où les parents savent transmettre à leurs enfants le sens de la lignée familiale ? Ils ont favorisé chez Louise et Paul, une identification et une affirmation de ce sentiment d'appartenance sociale, et chez Camille, une contre-identification qui l'a amenée à rejeter de toutes ses forces les valeurs familiales.

Du moins, pouvons-nous dire, Camille Claudel a pris le contre-pied de ce qui était consciemment exprimé. Mais a-t-elle plus subtilement réalisé certains vœux inconscients : vœu œdipien intense, qui la rattachait à l'inconscient paternel, et vœu de mort, inscrit dans l'inconscient maternel ?

Devant ce tableau familial complexe, qui nous met mal à l'aise, (pensons aux longues années de « folie » qui ont coupé Camille des autres), nous avons de nouveau la preuve que le génie créateur, s'il est dû à certaines dispositions personnelles, est avant tout le fruit de cette capacité à entrer en résonance avec tout ce qui se trame au sein d'un groupe familial, et de la faculté à transposer cette réalité, aussi douloureuse soit-elle, en œuvre d'art !

La question que pose le rapport entre la folie et sublimation des pulsions sur le mode de la création artistique est clairement posée en ce qui concerne la famille Claudel. La création, si elle est le signe d'une vie en mouvement et d'investissements réussis, n'empêche pas pour autant certains créateurs de sombrer dans des formes de passage à l'acte où les processus de dégagement semblent ne plus jouer suffisamment leur rôle.

Camille Claudel rejoint en cela Alice James, Van Gogh, Rimbaud et tant d'autres dont les troubles de la personnalité n'ont pas empêché l'éclosion créatrice, mais dont la pathologie n'a pu, par ailleurs, être emportée par le courant de la création !

Camille Claudel, Rembrandt Bugatti, Vincent Van Gogh, Alice James, se trouvent tous marqués dès l'origine par une mission contradictoire, celle d'avoir le statut d'un mort, tout en demeurant le garant de la vie. Lorsqu'un tel enfant est emprisonné dans un inconscient parental mortifère, le groupe familial peut-il devenir un élément de rectification de cette pathologie, ou la famille tendelle à perpétuer cet état de fait ? Toutes ces observations de familles où un créateur de génie s'enfonce progressivement dans la maladie mentale, présentent quelque chose de très émouvant. Partout nous retrouvons non seulement cette lutte entre la vie et la mort, la santé et la maladie, mais aussi le souci de l'un ou l'autre des membres de la famille, de préserver, de soutenir le membre malade.

Théo est un frère aimant pour Vincent Van Gogh, et il n'épargne pas sa peine pour lui venir en aide ; William et Henry James se montrent également très proches de leur sœur Alice, en proie à de graves crises d'hystérie. Ettore Bugatti ne lâche pas son frère Rembrandt, et le courrier échangé entre eux témoigne de cette fraternelle affection qui les unit. Et malgré tout ce qui a été dit ou écrit sur le rejet familial dont Camille a pu être l'objet, nous savons que cela est à nuancer et qu'aussi bien le père que le frère de Camille sont restés assez proches d'elle.

C'est ici que l'équilibre des forces du groupe familial se fait le plus significatif: qui l'emportera dans ce réseau complexe fait d'attentes et de contradictions ? Quel degré de souffrance sera porteur de vie, c'est-à-dire ni trop, ni trop peu, mais convertible en travail de création ?

Sous l'emprise de pulsions intenses, le créateur peut supporter d'être traversé par cette écharde qui va dans le sens d'une déliaison, d'une certaine anormalité, mais il est un fait que cette articulation subtile entre plaisir et souffrance semble se métaboliser plus facilement lorsque le groupe familial se trouve pris, en tant que groupe, dans ce travail de création, et que le créateur ne se sent pas autant confronté à la solitude d'un statut unique et trop lourd à porter.

Ainsi donc, prenant le parti du risque et de l'anormalité, les créateurs ne sont pas à l'abri des conflits névrotiques et psychotiques, mais comme l'exprime si bien Joyce Mc Dougall, c'est à ce prix qu'ils sont des êtres de vie. « Quelques artistes, écrivains et savants, seulement, échappent à la douche froide de la normalisation, à la rentrée dans l'ordre, à la perte de la magie du temps où tout était encore possible. Garder l'espoir de tout questionner, de tout bouleverser, de tout accomplir, c'est un défi aux lois qui règlent les relations humaines. C'est en cela que tout art, toute pensée novatrice, est une transgression. De nous tous, qui même est à la hauteur de la créativité de ses propres rêves ? Quelques génies et quelques fous peut-être. » (Joyce Mc Dougall, *Plaidoyer pour une certaine anormalité*).

2.3. La famille James

Du fantasme au paradoxe

La famille James, qui comprend une fratrie de cinq enfants, est essentiellement marquée par la forte personnalité du père, Henry James. Cet homme est à lui seul un véritable personnage de roman ! Pittoresque, quelque peu utopiste, profondément réfractaire à tous les conformismes, nous le voyons nourrir une véritable passion pour le « Vieux Continent » que représente alors l'Europe pour une américain.

Il n'hésite pas à promener des années entières ses quatre fils et sa fille à travers l'Europe, développant ainsi chez ses enfants le goût de l'aventure et de la découverte. Cet homme qui vient d'Albany, est à l'origine d'un « roman familial » interprété dans toute sa complexité et sa diversité par ses différents enfants, et notamment par ceux qui sont les plus célèbres : William, Henry et Alice James. Héritier d'une fortune importante, il a pu se permettre de vivre en dilettante, dans un pays où les loisirs étaient pratiquement inconnus ! Donnant libre cours à ses velléités d'écrivain : théologien amateur et philosophe du dimanche, il publie à compte d'auteur, et laisse à sa femme le soin de gérer la maison.

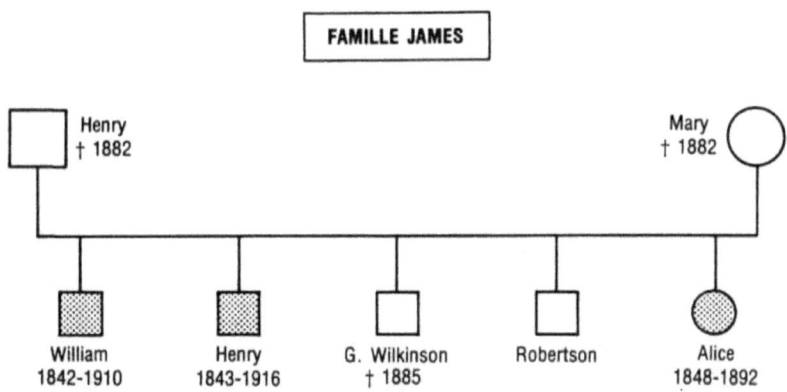

Henry James senior est un rêveur, manieur de paradoxes, à la fois gai et aimant la compagnie d'amis de choix : Emerson, Carlyle, Thackeray etc... Il se montre pourtant perpétuellement angoissé, peut-être trouve-t-il autant dans ses recherches métaphysiques, que dans le spiritisme une forme d'apaisement de cette angoisse ? L'hallucination dont il est l'objet en 1844, (hallucination d'une présence invisible) si elle l'ébranle personnellement, pèse aussi lourdement sur l'atmosphère familiale. Par ailleurs, nous savons qu'au cours d'un accident d'enfance, il a perdu une jambe ; cette mutilation semble avoir été mythifiée au sein de la famille, donnant lieu, ainsi que toutes les autres particularités déjà mentionnées, à ce « roman familial » si présent dans les contes et nouvelles de son fils Henry.

Mary, la mère, est une femme simple et modeste qui sait faire preuve d'une forte volonté pour régenter les aspects matériels de cette famille à la vie si mouvementée.

Léon Edel relève le paradoxe venant du « côté plutôt maternel du père et la tendance à tout régir de la mère ». (Introduction au *Journal d'Alice James*). Elle partage la croyance de son mari sur le fait que le travail est dangereux pour la santé, mais cultive davantage cette attitude chez ses enfants que pour sa propre gouverne ; elle-même se révèle d'autant plus forte et endurante, confrontée à la fragilité de ses garçons ! « Les parents étaient convaincus que l'énergie humaine était peu abondante, devait être dépensée parcimonieusement, et était vite épuisée. Pénurie plutôt qu'abondance, faiblesse plutôt que force, mauvaise santé plutôt que santé», telle est leur prévision naturelle. Leurs fils apprirent bien la leçon.» (H.M. Feinstein, *Blood Brothers*)

Cette croyance profondément enracinée aura des effets durables sur la psyché des enfants James qui trouvent ainsi, dans la maladie, une loupe concentrant les conflits de la famille.

L'influence des parents a fort heureusement d'autres incidences sur ce groupe familial, même si au premier abord leur attitude éducative nous déconcerte: « Ne goûtant guère ce dont les enfants auraient pu se soucier, ils jugeaient que ce qui leur était bon pour eux-mêmes devait l'être également pour leurs enfants. Souvent, on les arrachait à leurs occupations à la maison, à leurs livres et à leurs jouets, pour les emmener dans un monde étrange et mystérieux où toutes sortes de choses extraordinaires se passaient derrière la rampe.» (L. Edel, *Henry James : les années dramatiques*).

C'est ainsi que les parents font partager à leurs enfants le plaisir qu'ils goûtent au théâtre, ce qui fait naître chez William et Henry une véritable passion pour la scène. Les souvenirs des enfants James sont chargés de ces impressions précoces où ils eurent le sentiment de vivre des événements extraordinaires : soirées théâtrales, voyages multiples.

Mais cette famille, loin de nous apparaître comme un groupe idéal par rapport auquel nous pourrions nourrir une quelconque nostalgie d'appartenance, se révèle bien plutôt être un véritable foyer de névroses où la maladie tient une place de choix !

Famille vivante, s'il en est, marquée de façon paradoxale par une pathologie affirmée chez plusieurs de ses membres, et qui tend à donner à l'atmosphère familiale elle-même une coloration morbide. Ainsi, Henry James lui-même nous laisse entrevoir combien la maison familiale est marquée par la mélancolie : elle était « aussi vivante que l'intérieur d'un tombeau. »

Nous avons déjà fait référence aux hallucinations du père ; sa pathologie qui le lie à sa femme dans une dépendance étroite et passionnelle, l'amène à se laisser littéralement mourir de faim lorsque celle-ci décède. Ce deuil lui fut, semble-t-il, impossible à assumer, tant Mary représentait pour lui sa raison de vivre.

Nous retrouverons ce vécu symbiotique lorsque nous analyserons les relations dans la fratrie James. Dans une lettre adressée à son père, Henry fait référence à un « capital familial de névroses » dans lequel chacun puise à sa façon ; il en rend compte en ces termes : « Quand Alice et Willy vont mieux, certaines de leurs maladies se fixent sur moi - ceci afin de conjurer le sort en gardant dans notre famille ces pauvres infirmités sans abri ».

Alice, seule fille de la fratrie, doit affronter les multiples contradictions familiales, et semble se trouver enfermée dans un conflit œdipien dont le père méconnait les effets dévastateurs : « Son égoïsme doux s'est enchanté d'avoir à la maison une femme de plus avec laquelle il pouvait pratiquer innocemment un mélange d'affection et de séduction... La maladie qui s'adresse avant tout au père en est le versant noir. » (R. Bellour)

Cette maladie prend la forme d'une névrose hystérique grave qui empêche Alice d'accéder à l'identité d'un créateur reconnu à son époque. Mais depuis, la publication de son journal et les nombreuses études s'y rapportant ont finalement réhabilité Alice James, par ce qu'elle a su mettre en œuvre et qui s'inscrit dans ce que Bellour nomme un « tableau d'écriture familiale ».

William et Henry, quant à eux, ont toujours somatisé de diverses façons ces conflits familiaux qu'ils ne pouvaient écluser sur un autre mode. Douleurs lombaires de William, mais aussi, comme son père, hallucinations ; la maladie renforçait chez ces deux frères l'expression d'une alliance profonde, une solidarité qui trouvait par là le moyen de se rendre visible. « Quand Henry James, romancier, décrivit la maladie de William dans son autobiographie, il confirma ce lien en glissant naturellement et imperceptiblement du « il » au « nous ». Le lecteur était par-là invité à partager cette croyance qu'il n'y avait réellement aucune séparation entre eux. » (H.M. Feinstein, *Blood Brothers*).

Ce chapitre consacré aux frères James est essentiellement centré sur le processus douloureux de différenciation, d'individuation qui a, de fait, caractérisé leur relation qualifiée par Henry lui-même, de « gémellité mythologique ». De même, en effet, qu'entre Camille et Paul Claudel, ou entre les enfants Brontë, existait une relation de forte complicité, William et Henry connurent non seulement une grande connivence, mais furent en outre, les premiers sujets des expériences éducatives de leur père, et partageaient des goûts communs pour l'esthétique.

« Je vous dis toute la vérité, je dois tenir une double place. Je dois être mon frère aussi bien que moi-même. » (Henry James, 1875, cité dans *Blood Brothers*). Il fallut attendre que cette différenciation entre l'écrivain et le scientifique fût bien effectuée et publiquement reconnue, pour avoir sur chacun un regard différent. Pendant longtemps, il semble que nul n'aurait pu affirmer si ces « jumeaux esthètes » deviendraient artistes en tandem ou non !

Docteur en médecine, William James se fait connaître en tant que philosophe et psychologue. Il introduit une nouvelle conception philosophique : le pragmatisme. D'autre part, il fait de la méthode expérimentale l'instrument privilégié de la connaissance. Membre de la Société Londonienne de Recherches Psychiques, William James tente des expériences occultes en relation avec les morts, les fantômes et autres manifestations parapsychologiques.

L'œuvre de son frère Henry témoigne de l'intérêt que lui aussi porte à ce domaine mystérieux. Cette curiosité commune des deux frères aînés pour les différents degrés de conscience psychique, leur goût du fantastique, traduisent non seulement leur profonde complicité, mais nous renvoie à une réalité familiale plus large.

En étudiant les *Nouvelles fantastiques* écrites par Henry James, nous trouvons trace de multiples événements familiaux et d'une véritable mythologie à l'œuvre dans ce groupe familial. Je ne reprendrai pas dans le détail ce qui a déjà été relevé par des analystes tels que Didier Anzieu ou André Green, à propos des nouvelles *Le coin plaisant* ou *La bête dans la jungle*. Ces études ne souffrent ni résumé, ni plagiat, et je ne peux que renvoyer le lecteur aux articles respectivement publiés dans *Le corps de l'œuvre*, (p. 217-255) et dans la *Nouvelle Revue de Psychanalyse* « L'attente », (no. 34, p. 197-224).

J'ajouterai cependant deux remarques qui concernent directement notre recherche. Comme en témoignent ses écrits, Henry James a nourri pour sa famille et sa généalogie un amour proche de la fascination, au point que ses biographes ne trouvent dans sa vie, d'autre amour que celui qu'il éprouva, adolescent, pour sa jeune cousine Minny Temple. Celle-ci mourut brutalement et cette perte affecta profondément Henry. Il est remarquable de voir comment l'écrivain sut transformer cet événement en l'intégrant de diverses façons à son œuvre. De la même manière, il rend compte avec génie aussi bien des hallucinations paternelles qui ont laissé des traces psychiques dans l'inconscient du jeune garçon de deux ans, que de tout ce qui se renvoie aux « fantômes familiaux ».

Ainsi, dans *Le coin plaisant*, Brydon, le héros, a 56 ans et n'est autre que l'auteur lui-même, alors âgé de 65 ans ! Brydon éprouve une véritable passion amoureuse pour la maison de famille où il est né.

« Il parla de la valeur de tout ce qu'il déchiffrait dans ces lieux, dans la seule vue des murs, la seule forme des pièces, la seule résonance des parquets, le simple contact, dans sa main, de vieux boutons de porte plaqués d'argent, sur les nombreux battants d'acajou, qui suggéraient la pression des paumes des morts ; en un mot, les soixante-dix années du passé que représentaient ces choses, les annales de presque trois générations en comptant celle de son aïeul, celui qui avait fini ses jours ici, et les cendres impalpables de sa propre jeunesse depuis longtemps éteinte, éparses dans l'air même, telles de minuscules phalènes. »

Plus loin, le texte nous convie à participer à la jouissance narcissique que le héros ressent lorsqu'il pénètre secrètement dans cette maison, à la tombée de la nuit. L'érotisme évident atteste qu'il s'agit là d'un déplacement d'objet amoureux venant s'inscrire dans une vie affective et sexuelle dépourvue d'investissement autre : « S'assurant de sa solitude, il se savait certain de la posséder et, comme il l'exprimait tacitement, se laissait aller. »

Ainsi, Brydon - Henry James - « possède » la maison de ses ancêtres et son roman généalogique, comme un homme possède l'objet de son désir, avec cette assurance d'avoir tous les droits face au vide et à l'absence. Nous retrouvons cette même problématique dans *L'autel des morts*, où le héros finit par souhaiter la mort de ses amis, afin de « rétablir avec eux des relations plus charmantes que celles dont il pouvait jouir de leur vivant ». Les pièces de la maison sont alors fantasmées comme des parties érogènes d'un corps de femme, et la mission du héros n'est autre que celle qui consiste à éveiller une jeune-fille timide au plaisir des sens, dans un jeu initiatique.

L'autre remarque concerne le fantasme que connaissent la plupart des personnages d'Henry James : devenir des êtres d'exception. André Green fait alors référence à ce qu'il appelle le « narcissisme négatif » ou narcissisme de mort, dans la mesure où ce fantasme vient compenser le retrait de la libido objectale. Se croire voué à un certain destin exceptionnel, c'est s'assurer d'une revanche narcissique sur un préjudice injuste dont le sujet a été victime. Freud analyse ce processus en ce qui concerne le droit à être scélérat (*Essais de psychanalyse appliquée*). Nous pouvons avancer la même chose par rapport à l'être d'exception qu'est le génie. De quoi Henry James cherche-t-il à se venger en nourrissant de tels fantasmes ? Parle-t-il, à travers ses personnages, en son nom ou au nom de son père, ce « double » dont il porte le prénom ?

« C'était un cas de justice vengeresse, les péchés des mères, à défaut de ceux des pères, retombant sur les enfants » (Sir Edmund

Orme). La réponse s'inscrit sans doute chez les ancêtres de l'écrivain, mais nous manquons malheureusement de documents pour décrypter ce qui avait été forclos aux générations précédentes. Seuls les symptômes hallucinatoires et autres symptômes du père, prolongés par ceux de ses enfants, attestent qu'en amont, quelque chose n'avait pas été suffisamment élaboré.

Sir Henry et William ont cherché l'un par l'autre, confirmation de leur propre identité. Alice, à son tour, servit de miroir à ses frères ; Raymond Bellour cite cet extrait de lettre écrite par William à sa sœur : « D'ici, tu me sembles tellement belle, intelligente et affectueuse, tu es tellement en tous points, la chose qu'un frère désire le plus, que lors de mon retour à la maison je ne pourrai rien faire d'autre que m'asseoir et passer mon bras autour de ta taille, faisant appel à toi pour confirmer tous mes dires, approuver tout ce que je fais, admirer tout ce que je suis et ne jamais, jamais être un seul instant déçu. » (R. Bellour, Introduction au *Journal et choix de lettres* d'Alice James). Dans cette relation incestueuse, Alice n'existe qu'en tant que miroir d'un frère en quête de lui-même. La distance nécessaire pour qu'une véritable relation à l'autre s'établisse se réduit à néant.

Henry, de son côté, n'hésite pas à cohabiter avec sa sœur pendant un an, après la mort de leurs parents, et il parle en termes non équivoques à son éditeur londonien de la parenté intime qui les unit, faisant fi des liens fraternels : « Ma sœur et moi, nous formons un harmonieux petit ménage, et je me sens assez comme si j'étais marié ». Fréquemment, ce thème de l'exaspération des rapports familiaux, de l'inceste et des identifications homosexuelles, apparaît dans l'œuvre d'Henry James ; l'interrogation sur cette relation fraternelle s'inscrit directement dans ce vécu fusionnel de la cellule familiale.

La famille James se présente donc comme une famille de type narcissique, où les différents membres ont une représentation grandiose du soi familial. Ici, l'effacement des identités individuelles va de pair avec la difficulté de respecter l'interdit sexuel. Le mythe qui fonde cette croyance mégalomaniaque d'auto-engendrement semble annuler ipso facto la référence aux lignées paternelle et maternelle.

C'est dans la correspondance que s'exprime le plus ce mode de relation, et nous pouvons voir dans l'importance qu'a revêtu cet échange de lettres entre les différents membres de la famille, un substitut des premiers échanges, des conversations qui marquèrent l'ambiance de la maison James, et auxquels ils ne purent renoncer. « La correspondance exprime l'angoisse de la marginalité, la peur de l'exil loin du centre vital de la famille et de la culture... Elle s'inscrit dans le système du don familial comme prestation symbolique... Cette volumineuse correspondance est commandée encore par le besoin impérieux d'un retour, par l'espérance d'un « contre-don » : la réponse parentale qui comble le vide du héros solitaire ». (J. Perrot, *Henry James et la décadence*).

Alice, clouée à sa chambre de malade, servira ainsi de chambre d'écho, de destinataire privilégié pour permettre aux mots du romancier de résonner librement. Tel l'ami, catalyseur des représentations mentales que le créateur porte en lui, et grâce auquel l'échange intellectuel et affectif s'enrichit et s'amplifie jusqu'à devenir une œuvre de création, la sœur tient là cette place irremplaçable. Alice le sent, le sait, et note dans son journal : « À propos, Henry a enfoui dans ses pages de nombreuses perles chues de mes lèvres, il les vole sans la moindre honte, disant simplement que cela n'a aucune importance puisqu'il sait qu'elles ont été proférées par un membre de la famille ».

Nous le voyons, cette présentation succincte de la famille James a de quoi laisser perplexe, quant aux conditions de vie familiale qui sont à même de favoriser une réponse créatrice aux événements, aux conflits intrapsychiques et interpersonnels qui jalonnent toute existence. Quelle place tient donc la création dans cette famille ?

Avec Didier Anzieu, Jean Perrot et tous ceux qui ont mené une recherche à ce sujet, nous pouvons penser que c'est par la création que les uns et les autres ont pu rester « vivants », principalement Henry qui a su opérer ce retournement décisif.

« L'événement personnel est le triomphe, accompli imaginairement en rêve avant d'être repris activement dans la réalité par celui qui va devenir un artiste, sur les monstres intérieurs ou intériorisés (le père effondré, le frère aîné brillant, le surmoi puritain, les pulsions sexuelles ambiguës et redoutées ?), c'est-à-dire sur une image monstrueuse de lui comme partie prenante de la névrose familiale.» (Didier Anzieu, *Le corps de l'œuvre*).

Ainsi, parvenir à symboliser ce qui apparaît souvent comme un « rien », parvenir à mettre en mot le négatif d'une existence, le non avènement de la sexualité, est sans nul doute, ce qui fait le charme de l'œuvre d'Henry James. Si dans *Le coin plaisant*, le personnage principal donne sens à une vaste maison vide où il n'y a rien à voir, n'est-ce-pas là une métaphore de la vie même de l'auteur ?

De même, nous voyons James aux prises avec le « travail du négatif » dans cette autre nouvelle fantastique : *La bête dans la jungle*. Ici, le héros prend finalement conscience que ce destin sublime qu'il attend passionnément se formule ainsi : « L'homme à qui rien, sur terre, ne devait arriver ». Quoi de plus cruel que de se retrouver devant une telle constatation ! L'homme avait tout désinvesti, pour consacrer sa violence pulsionnelle au « sentiment d'être réservé pour quelque chose de rare et d'étrange, pour une possibilité prodigieuse et terrible. »

Ce qui est merveilleux et qui appartient au romancier qui crée, se retrouve dans l'aptitude à transformer ce destin négatif individuel, en expérience transposable pour d'autres. Non seulement, cette création romanesque sert de suture à la blessure narcissique du héros et de son auteur, mais elle se charge de puissance de vie à l'adresse du lecteur.

Ainsi, l'œuvre d'Henry James nous restitue le sens de ce qui est en creux, marqué par l'absence, la mort et le négatif. Pour certains, nous savons que cet espace est source de folie, d'angoisse insurmontable et peut devenir mortifère. En revanche, tous ceux qui ont accès à cette aire où le réel extérieur n'entre pas en conflit avec la réalité psychique, sont des créateurs potentiels. C'est en articulant entre elles ces deux réalités, que le créateur jongle avec la vie et la mort, le désir et le non-désir. Ce n'est sans doute pas un hasard, si la plupart des personnages mis en scène par Henry James connaissent des moments de folie, des hallucinations qui les terrassent, alors que lui-même en fut préservé !

Le groupe familial tout entier se trouve donc engagé dans l'œuvre des uns et des autres, qu'il s'agisse de l'œuvre littéraire d'Henry, des apports scientifiques de son frère William, ou de ce long travail de trépas qui consiste à « réussir sa mort », ainsi qu'Alice James a elle-même mis en relation la mort qui la travaille et qu'elle travaille, avec l'œuvre de ses frères.

Osmose, collaboration intime, autant de traits caractéristiques du creuset familial des James. La famille élargie, qui conservait lettres et documents, n'eut pas de peine à se mobiliser pour contribuer à l'autobiographie réalisée par Henry, et qui reste une « entreprise de glorification concernant l'ancêtre de la lignée (le grand-père paternel)... Mise en chantier comme un véritable roman familial, roman d'une glorieuse réussite, l'autobiographie se veut conte de fée du privilège ». (J. Perrot)

Aurions-nous parlé de la famille James, si, à l'exemple d'Henry, nous laissions dans l'ombre les deux autres frères : Garth Wilkinson et Robertson ? Tous deux ont essayé de gérer une plantation, cherchant dans les affaires et la guerre leur propre définition. Pris dans le même mythe familial, ils ont tenté de se dégager de l'emprise de leur père et de leurs frères en prenant le contre-pied des valeurs prônées dans le clan familial. Leur tentative de se différencier de la sorte n'est pas sans intérêt pour notre recherche, dans la mesure où elle pose avec acuité la question des rapports que les membres d'une famille entretiennent avec le mythe commun, et ce qu'il advient des processus de dégagement utilisés, dans ce combat pour la vie.

Toutefois, si tout est loin de ressortir d'une pathologie grave, cette famille illustre ce que nous retrouvons dans la plupart des familles de créateurs : une atmosphère particulière, que nous pourrions aisément qualifier de néfaste à l'éducation des enfants, ou tout au moins ne favorisant pas l'adaptation des membres de la famille au monde extérieur, au réel, à la société.

La visée de ces familles ne semble pas avoir pour but premier de faciliter l'intégration sociale, mais avant tout de permettre que le travail de création s'accomplisse. Ainsi, par exemple, tout comme Baudelaire et Rousseau ont souffert de ce qu'ils appelaient « l'échec social » de leur vie, les sœurs Brontë elles aussi, considéraient que leur existence n'avait rien d'enviable, et souffraient de leur inaptitude à mener une vie « normale »...

Nous observons quelque chose d'analogue chez les James. Là, nous avons à faire à des parents faisant mener à leurs enfants une vie bohème, où l'éducation est on ne peut plus fantaisiste, loin des mœurs habituelles à cette époque.

Par ailleurs, si la famille s'incarne dans une généalogie bien située dans ses différentes époques, repérables aux dates de naissance et de mort, la création quant à elle, vient s'inscrire dans la rupture du temps.

Entre le temps réel et le temps imaginaire, l'œuvre représente quelque chose qui est à la fois dans le temps et hors du temps, une sorte de configuration inaltérable, éternelle et qui est pourtant le fait d'un être bien réel. Cet acte originel, cette œuvre originale, permet à son auteur de se projeter dans un avenir soustrait au temps, mais contribue également à recréer tout un passé, à l'extraire de l'oubli, à le refaire à neuf.

Ce rapport au temps nous semble être tout-à-fait spécifique chez les familles de créateurs, où les découpes habituelles du temps n'ont pas de prise sur la façon dont les membres de ces familles entendent jouer avec le jour et la nuit, les horaires de sommeil et de veille, le temps du jeu, de la rêverie, de l'élaboration. Un temps élastique qui s'étire aux dimensions que chacun veut lui donner pour le remplir de ses mille et une idées.

Ainsi retrouvons-nous l'ambiance bouillonnante qui régnait chez les James, tout comme chez les Marx, les Perrault ou les Prassinos. Dans ces familles, on peut facilement passer des heures à changer un décor, à fabriquer un objet, même dérisoire, et accorder une importance toute relative au temps du repas ou du sommeil. Nous pressentons bien, alors, comment se trouve bannie la notion même du « trop tard ».

Dans nombre de familles, en effet, il est toujours trop tard pour entreprendre quelque chose, trop tard pour solliciter l'aide des parents sur un point précis : « il fallait me le demander avant, maintenant je n'ai pas le temps... » ou encore « il est trop tard, c'est l'heure de se coucher ; trop tard, le repas va refroidir, tu feras cela après... » et même lorsqu'il s'agit d'une réorientation scolaire ou professionnelle, le « trop tard » intervient encore si souvent, que ce soit de façon implicite ou explicite, que beaucoup de sujets n'osent même plus envisager qu'une autre voie puisse encore leur être ouverte !

Tel n'est pas le cas chez les familles de créateurs, où le possible est toujours d'actualité. Loin de se retrouver prisonniers du temps et du destin, de « l'ananké », les créateurs acceptent de se laisser surprendre par l'impromptu, et voir ainsi se modifier le cours de leur vie. Au lieu de différer l'heure de la jouissance, au profit du réel immédiat, le créateur mise sur l'opportunité de ce qui se présente à lui, hors des catégories habituelles, et qu'il charge d'une promesse d'avenir : reconnaissance, création, transfiguration, métamorphose du déjà-là.

Cette disposition d'esprit rejoint celle des frères Perrault, qui n'hésitent pas à changer de métier après plusieurs années d'exercice, et ce à une époque où cette façon de faire était loin d'être passée dans les mœurs ! La plupart de leurs contemporains avaient un métier pour la vie, et il n'était pas question d'imaginer se « recycler » dans un autre secteur, comme cela se fait plus facilement de nos jours.

Pensons aussi à Paul Claudel, dont les études de droit et les fonctions de consul ne préparaient nullement à devenir poète et dramaturge !

Quant à Henry James, il met souvent en scène des personnages qui ne comprennent que « trop tard » le sens de la vie et la façon d'établir des relations satisfaisantes avec leurs proches ; ainsi en est-il dans *la bête de la jungle* ou dans *l'autel des morts*, cette admirable nouvelle où le principal personnage arrive à souhaiter la mort de ceux qu'il aime, afin de « rétablir avec eux des relations plus charmantes que celles dont il pouvait jouir de leur vivant. »

Rappelons qu'André Malraux a consacré un de ses gros volumes sur l'art et la création à l'intemporel. La marque de l'intemporel s'inscrit donc bien dans la mise en question du temps, de la vie et de la mort ; si chacun porte l'intemporel en soi, il reste que, plus que tous les autres, les créateurs rendent présents dans la vie ce qui appartient au passé et à la mort.

« La création est substitution peut-être, mais elle est surtout transfiguration, métaphore de la vie, plus que retrouvailles avec la vie révolue... Pour le créateur, l'objet est perdu mais un autre objet, l'œuvre, a pris sa place. Ce qu'il en attend, ce n'est pas de retrouver le passé mais de donner naissance à l'avenir. » (André Green, *La réserve de l'incréable*).

Comme nous l'avons observé, l'originalité de l'œuvre passe donc bien souvent, par une définition originale de la vie de famille et des diverses occupations s'y rapportant. Non-conformisme érigé en tradition familiale, tel semble être la clé qui ouvre la porte de la création, et qui se rattache directement à la logique du paradoxe !

Or, chez les James, le paradoxe régnait en maître.

2.4. La famille Marx

Le « Grand Projet » de Minnie Marx

Parler de la famille Marx pourrait prêter à confusion, si nous ne précisions d'emblée que notre propos concerne ceux que le cinéma des années trente a consacrés sous le nom des « Marx Brothers ». Cette famille est moins connue que la famille Brontë, les Claudel ou les James. Toutefois je n'ai pas résisté à la tentation d'éclairer ma recherche par cette saga familiale on ne peut plus pittoresque, et qui présente certains aspects caractéristiques de tout ce qui peut se jouer dans un groupe familial autour d'un mythe fondateur.

Ce mythe se trouve principalement entretenu par Minnie, la mère des frères Marx, qui l'avait elle-même repris de ses propres parents. Comme chaque fois qu'il est question d'un mythe familial véhiculé à travers les générations, chaque membre du groupe y participe selon son mode propre.

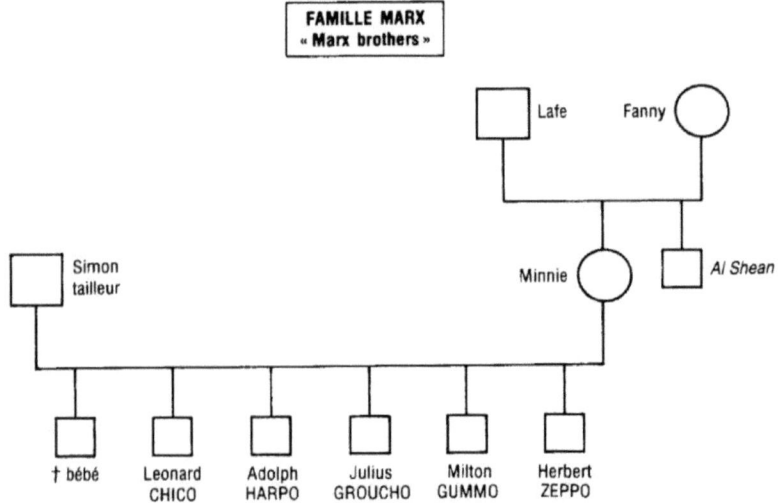

Certains adhèrent inconditionnellement à ce qu'ils pressentent être le garant d'une certaine image de leur famille, à ce qui la définit comme telle aux yeux du monde extérieur et aux yeux des principaux intéressés, tandis que d'autres prennent le contre-pied du mythe ambiant. Inconsciemment, ceux-là cherchent à se situer en dehors d'une image familiale vécue parfois comme un enclos étouffant, à l'intérieur duquel il ne peut y avoir de place pour une démarche originale, et donc marginale par rapport au consensus familial implicite.

Comment la famille Marx s'inscrit-elle dans ce processus complexe qui se retrouve dans nombre de familles de créateurs ? Le dosage judicieux entre les forces d'individuation et de cohésion des membres entre eux, la solidarité témoignant d'un fort sentiment d'appartenance au groupe permet-elle à chacun des membres d'une telle famille d'avoir une démarche unique et originale ?

Simon Marx, le père, né en Alsace, et son épouse Minnie Schoenberg, originaire d'Allemagne, sont tous deux des immigrés juifs, débarquant à New-York. Ils sont pleins d'espoir et fermement décidés à prendre leur revanche sur la vie difficile qu'ils avaient connue jusque-là. Simon porte de multiples surnoms, *Sam*, pour être à l'heure américaine, *Frenchie*, en référence à ses origines alsaciennes, *Misfit*, ce qui signifie « loupé », car son métier de tailleur ne semble pas lui avoir vraiment réussi... Simon Marx est certainement resté toute sa vie un des plus mauvais représentant de cette profession, et les gags concernant les costumes qu'il confectionnait sont dignes du sketch de Fernand Raynaud ! Cet homme enthousiaste pour des projets qui n'aboutissaient généralement pas, toujours à l'affût de la bonne aubaine, est ainsi décrit par son fils Julius, dit *Groucho* :

« Mon père était un homme heureux, l'image de la joie de vivre de son Alsace natale. Il aimait rire. Il adorait jouer au bésigue pour de l'argent. » (*Mémoires* de Groucho Marx). Les différents témoignages de ses enfants concourent à dresser de lui le portrait d'un homme peu sévère, plutôt assimilé à une image maternelle, alors que la mère est celle qui tient dans la famille le rôle paternel.

« Minnie, ma mère, était l'homme d'extérieur. Frenchie, l'homme d'intérieur. Minnie combattait le monde entier pour forger le destin de la famille. Frenchie restait à la maison, cuisinait et faisait de la couture.» (H. Marx, *Harpo et moi*).

Nous ne savons presque rien de la famille d'origine du père, alors que nous pouvons mieux situer la mère par rapport à ses propres parents et ses frères et sœurs. Cela est éloquent quant à la prévalence accordée à la branche maternelle.

Qui était donc Minnie, ce personnage essentiel dans la chronique familiale ? Fille de saltimbanques, son père se produisait comme ventriloque et sa mère comme harpiste. Si en Allemagne, tous deux avaient pu vivre de leur art, ils durent, en émigrant en Amérique, se lancer dans la réparation de parapluies. Ces grands-parents maternels ont toujours habité avec la famille Marx, et cela a certainement contribué à donner le ton à la famille, écoutons plutôt Groucho parler d'eux : « Quand ils débarquèrent en Amérique, ma grand-mère jouait de la harpe et chantait tous les jours. Au fur et à mesure que la réparation des parapluies allait à la dérive, elle chantait de moins en moins souvent. Un beau matin, la petite harpe fut remisée dans un placard et on ne l'entendit plus, jusqu'au jour où Harpo la découvrit. »

Les Marx étaient non seulement pauvres, très pauvres même, mais surtout chaque jour plus nombreux à la table familiale. Malgré leurs cinq garçons à nourrir, les parents avaient, en effet, adopté une jeune cousine ; à ce groupe familial élargi à dix membres, venaient souvent s'ajouter une tante maternelle habitant non loin, ainsi qu'un nombre indéterminé de parents et d'amis ! Chacun, semble-t-il, savait qu'il serait accueilli comme le bienvenu, et c'est le père qui se chargeait alors de préparer un repas avec le peu dont il disposait, c'est-à-dire trois fois rien! Ambiance chaleureuse et gaie, compensant les adversités auxquelles se trouvaient confrontés ces immigrés. « Nous avions constamment faim. Et nous étions nombreux. Mais grâce au courage de mon père et de ma mère, la pauvreté ne nous a jamais plongés dans la dépression nerveuse ou dans la colère. Le souvenir de ces premières années de ma vie est assez vague, mais agréable, plein de la sonorité des chants et des rires, sillonné par un tas de gens que j'aimais (*Harpo et moi*).

Cette présentation de la famille MARX débute par l'évocation d'une famille qui se constitue autour d'un mythe organisateur. Le mythe des *Marx Brothers* est ainsi énoncé par Harpo : « Toute sa vie de femme, chaque minute de sa vie était consacrée à la réalisation de son Grand Projet. Minnie avait l'ambition de mener tout plan qu'elle avait conçu, avec suffisamment d'énergie pour nous emporter tous dans son sillage. Son Grand Projet était celui de faire monter son frère cadet et ses cinq garçons sur scène et les rendre célèbres.» (*Harpo et moi*).

Ainsi, cette femme d'action, au regard tendre et à la force de cheval se consacra entièrement à ses enfants, cherchant par tous les moyens à les propulser aussi haut que possible ; cependant, loin de les pousser à faire de longues études, elle les fait monter sur scène dès qu'ils sont en âge de pouvoir tenir un rôle. Aussi Julius a seulement onze ans lorsqu'il trouve une place de chanteur !

Toute la carrière des frères Marx repose donc sur cette croyance invincible de Minnie en ses enfants. Rien ne peut mettre sa foi en doute, pas même le fait que l'un ou l'autre tente de faire valoir son désir de devenir médecin, inventeur ou joueur professionnel. Enfants de la balle, ses enfants sont faits pour le spectacle, et rien ne peut ébranler cette conviction profondément enracinée. Minnie est intimement convaincue que ses fils réussiront sur scène, et ces drôles de garnements se voient portés par cette extraordinaire croyance maternelle.

Investis, chacun et en groupe, comme un seul objet libidinal, comme un phallus manquant, toute la fratrie se met à croire à son tour à sa propre existence, à sa bonne étoile, à l'amour sans conteste qui l'unit au parent porteur, assuré de la réussite de tous les membres du clan.

Par ailleurs, une des caractéristiques de ce clan familial tient aux associations multiples et variées entre les frères. Nous voyons tout d'abord Milton et Julius s'associer en se faisant appeler *les deux rossignols*, mais très vite ce groupe s'élargit et devient *trois rossignols*, *quatre rossignols*, *quatre mascottes*, et pourquoi pas *six mascottes*, puisque maman Marx et sa sœur Hanna n'hésitent pas à se joindre elles aussi au groupe !

Comment ne pas penser aux frères Jackson, dont Michael Jackson s'est détaché, mais qui a longtemps été connu sous le nom des *Jackson-Five*. L'entreprise qui voudrait différencier les frères entre eux serait assez vaine dans la mesure où tout a été mis en place pour gommer les différences. Si les perruques, moustaches et rôles sont là pour définir le look de tel ou tel, en fait, les Marx Brothers formaient la légendaire équipe de l'humour loufoque.

« Comme devaient l'être les Beatles un quart de siècle plus tard, les Marx n'étaient pas très bons pris séparément, mais ensemble, ils étaient géniaux. » (K. Wlaschin, *Les stars du cinéma*).

Guy Maruani a lui aussi établi une comparaison entre les Marx Brothers et les Beatles, en soulignant que les deux groupes adoptent pour la scène une attitude opposée : « Les frères Marx sont des frères de sang, des enfants de la balle. Les quatre ou trois s'ingénient, à la scène, à se différencier le plus possible. Chacun a des caractères et même des tics qui ne sont qu'à lui, aucun scénario ne les présente comme frères. Au contraire, les Beatles, qui n'ont aucun lien de parenté, à leurs débuts dépensent toute leur énergie à renforcer leur identification réciproque : même coiffure, même costume, même accent. »

De fait, les enfants Marx sont tellement réunis comme un seul et même homme dans le rêve maternel, qu'ils compensent cette non-différenciation par une pseudo individuation sur la scène.

Si cela a pu leur causer certaines difficultés personnelles, il est indéniable par ailleurs, que ce spectacle d'une famille qui se donne à voir dans un jeu commun a quelque chose de fascinant. « La fratrie introduit la duplication (forme narcissique de la répétition) dans le domaine de l'illusion. » (G. Maruani, « Vrais et faux frères, un des ressorts du show-business », dans *Frères et sœurs*, p. 108)

Il est clair que l'apothéose mythologique des Marx Brothers s'est fondée sur la fabuleuse cohésion de ce groupe familial imposant au public l'image d'une famille qui se suffit à elle-même et prend plaisir à vivre cette complétude familiale. N'oublions pas que le fameux frère cadet de la mère, Al Shean, connut un grand succès comme chanteur et comédien, qu'il écrivit lui-même une pièce musicale sur mesure pour ses neveux, et qu'il était idéalisé par tous les membres de la famille en tant que représentant de la réussite. « L'idéalisation est un processus qui concerne l'objet et par lequel celui-ci est agrandi et exalté psychiquement sans que sa nature soit changée. » (Freud, *Pour introduire le narcissisme*).

Nous voyons ce processus à l'œuvre chez les créateurs qui s'identifient souvent à. l'objet idéalisé. Un ancêtre de la famille, ou toute autre personne extérieure au groupe familial, peuvent incarner cet objet idéalisé, ce qui donne lieu à une filiation spirituelle ou même à la constitution d'un « roman familial ». Tout créateur a son maître, auquel il se réfère comme marquant un moment clé de son existence. L'idéalisation peut aussi avoir pour objet la musique, l'écriture, la peinture, une discipline, un matériau ou un lieu fortement investi par le sujet.

Ici, c'est certainement une idéalisation du spectacle et de la scène qui galvanise chacun, dans le sillage de Minnie et des grands-parents maternels. Dans la passion de créer, comme dans la passion amoureuse, la dimension d'agrandissement s'exprime, en effet, par une certaine exaltation psychique, et s'attache autant à la vie pulsionnelle du sujet qu'à l'objet qui se trouve investi. Tout se trouve en quelque sorte magnifié pour les besoins de la cause, et sans l'objet de sa passion, le créateur se sent en manque. Nous pouvons dire que la découverte de cet objet idéalisé est de l'ordre d'une illumination qui rompt la continuité temporelle dans laquelle le sujet se trouvait jusque-là inscrit. Il y a désormais un avant et un après.

Par ailleurs, nous savons que cette idéalisation détermine la constitution des instances idéales telles que l'Idéal du moi, le Moiidéal et, pouvons-nous ajouter, le Nous-idéal. Ainsi, chez les Marx, on idéalisait Al Shean, l'oncle maternel qui représentait celui qui avait réussi dans la voie ouverte par ses parents. Chanteur et comédien, il devenait le digne fils d'un saltimbanque et d'une harpiste, en donnant ses lettres de noblesse à la famille.

Les mots-clefs de cette famille pourraient donc bien être ceux-ci : « Enthousiasme », « Croyance », « Mensonge » et « Combine ». Sans attacher de jugement moral à cette façon de se débrouiller pour vivre au mieux, nous pouvons reconnaître qu'il s'agit là d'un primat accordé à la vie, à la vitalité de l'enfance et au goût du jeu qui lui est associé. Dans cette famille, le bouillonnement d'imagination, de fantaisie mis au service de la vie quotidienne, tout comme l'effervescence créatrice, donnent un ton heureux.

Pourtant, l'enjouement de ces activités qui se situent entre le jeu et le rêve, suppose à la fois une ambiance chaleureuse et paisible, indispensable à la rêverie diffuse, et la stimulation active d'un groupe où chacun peut retrouver les plaisirs de l'enfance, de ce monde où le jeu est roi ! Ainsi Jean-Sébastien Bach était enchanté par le vacarme de sa maison où chacun faisait de la musique. Il a transposé dans la famille qu'il a constituée avec Anna-Magdalena, l'ambiance qui régnait dans sa propre famille d'origine où, là aussi, il fallait jouer, composer et chanter sans cesse.

Bricoleurs, les frères Marx et leurs parents l'étaient jusqu'au bout des ongles, ne craignant pas de démonter un piano pour en faire un xylophone, ou de fabriquer costumes, accessoires et décors de théâtre avec de vieux bouts de chiffons et quelques objets usuels. Leur pauvreté matérielle était donc compensée par beaucoup d'ingéniosité et par une dose de non-conformisme érigée en véritable mythe. Si pour un bricoleur, tout peut toujours servir, chez les Marx, tout servait à la réalisation du « Grand Projet », et les trouvailles de chacun se voyaient toujours bien accueillies.

Si, comme l'affirme J. Guillaumin, le rêve est un des moteurs de la création, nous avons une illustration directe de cette affirmation avec la façon dont maman Marx, et tous ses poussins à sa suite, ont mené à bout ce rêve fou mais payant, ce rêve grandiose, un rêve comme seuls osent en faire les enfants !

Chico, Harpo, Groucho, Gummo, Zeppo, autant de sobriquets plus drôles les uns que les autres, qui leur furent donnés au poker, cinq « *garnements sans foi ni lo*i, *magiciens de l'absurde* et *géants du burlesque* », c'est ainsi qu'Yves Alion, qui leur a consacré un ouvrage se plait à les nommer.

Avec les Marx, c'est dans un véritable tourbillon que nous sommes pris : tempête d'idées, de trouvailles, une ronde infernale d'amis, de famille, où bien malin est celui qui se reconnaît dans cette valse de prénoms, surnoms, petits métiers de toutes sortes. Si les maîtres mots de ce groupe familial sont la combine, le mensonge, l'enthousiasme et la croyance, comment cela ne donnent-t-ils pas lieu à de la psychopathie ambiante ? On y applique la loi du jour, et on tourne en dérision les principes bien établis. Ici, pas d'angoisse, pas de tendances dépressives comme chez d'autres, mais une excitation qui touche plutôt à la manie.

Sans passer en revue les singularités propres à chacune des familles de créateurs que nous avons étudiées, notons que d'une façon générale, nous n'avons pas affaire à un mode de vie bourgeois, stable et enraciné depuis des millénaires dans des traditions immuables. Si toutes les familles de créateurs ne sont pas marquées, et heureusement, par une certaine forme d'échec social au sens où nous l'entendons habituellement, il reste que la plupart se démarquent des valeurs traditionnelles et adoptent plus ou moins clairement des aspects anti-sociaux donnant prise aux critiques de ceux qui se veulent partisans d'une morale bien-pensante.

« Parti de rien je ne suis arrivé à rien » dit Groucho. Un humour qui tire un trait sur l'ambition et nous renvoie droit au but : sa mère, dont l'ambition n'a eu de cesse que de se voir comblée par la réussite du groupe familial tout entier.

Les Marx Brothers ont fait rire des générations de spectateurs sensibles à leur sens du comique et du ridicule. Cela n'a rien d'étonnant dans la mesure où la créativité elle-même s'appuie sur l'effet de surprise, et le refus de succomber au déjà-là. André Haynal franchit un pas de plus, lorsqu'il affirme que « la créativité, ses images prototypiques de paternité et de maternité, se présentent comme des actes divins, création de mondes, mouvements capables de prodiguer une nouvelle existence : la notion d'« origine-alité », fait partie de toute approche phénoménologique de ce concept. » (A. Haynal, *Elan créateur et fugitivité*).

Avec cette référence aux images de paternité et maternité, nous abordons les rivages de l'originaire. « L'originaire donne naissance à l'original », dit André Green, et avec lui, il nous semble effectivement que tout créateur se situe à un point de rupture. Tout artiste, tout inventeur se situe forcément à l'origine de son œuvre. Il doit certainement une part importante de son inspiration aux autres, à ses prédécesseurs, à sa famille, à ses amis, mais quelle que soit la force de cette appartenance et de cette dette, le créateur qui fait œuvre nouvelle, marque une origine, une nouvelle période.

« L'extrême nouveauté s'effectue par un retour aussi complet que possible vers l'originaire ou le fantasme des origines » (A. Green, *La réserve de l'incréable*). Est-ce à dire que les familles de créateurs ne tiennent pas compte de la tradition qui les a précédées, de cette filiation dont nous avons déjà noté l'importance à différents plans, et notamment en ce qui concerne le sentiment d'appartenance au groupe, au clan, à la race ? Certes non ! Mais il s'agit là de ce que nous pourrions appeler une originalité groupale.

Dans les familles de créateurs, il semble moins important de se différencier à l'intérieur même du groupe familial, que de se démarquer en tant que famille, face au monde extérieur et par rapport à ce qui s'est déjà fait. En cela, l'apport de la tradition familiale, quand elle existe, n'est aucunement gênant, bien au contraire !

Ce patrimoine d'inventivité familiale va servir de matrice où vont se générer d'autres créations ; ainsi en est-il pour la famille Marx.

2.5. La famille Perrault

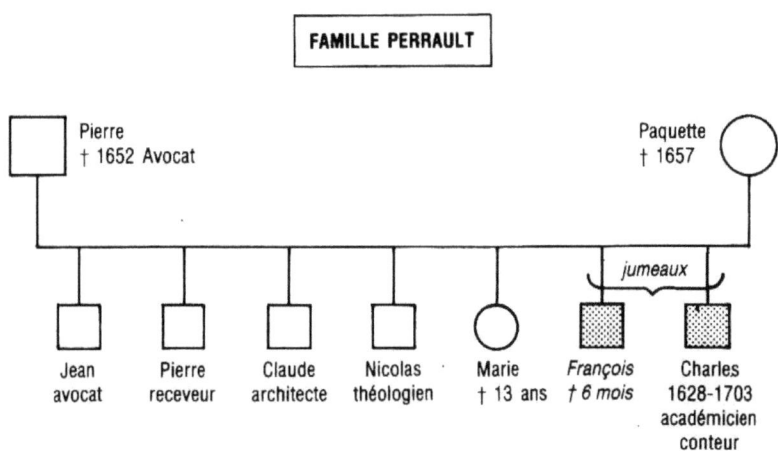

Il était une fois... les Perrault

Qui ne connaît Charles Perrault, le célèbre conteur qui enchanta notre enfance de rêveries extraordinaires grâce à une fée-marraine arrivant à point nommé, un Prince charmant venu réveiller la Belle-au-Bois-dormant de sa longue torpeur, ou ce drôle de petit chaperon rouge batifolant après les papillons. Nous savons moins, peut-être, que c'est à soixante-neuf ans que ce contrôleur des bâtiments du roi s'avisa d'écrire des contes de fées, retrouvant par-là les plaisirs d'écriture auxquels il s'adonnait à l'adolescence, dans une création poétique à plusieurs : ami et frères.

Comme l'indique le génogramme de la famille Perrault, Charles est le dernier enfant d'une fratrie de sept, dont une fille, Marie, décédée à 13 ans, et son frère jumeau, François, décédé à six mois.

Si je présente la famille Perrault dans le cadre de cette recherche sur les familles de créateurs, c'est qu'elle correspond d'une part aux critères de reconnaissance sociale de la création (Charles, par ses contes, et Claude, par la célèbre colonnade du Louvre et autres travaux d'architecture), d'autre part en raison de l'esprit propre aux Perrault, qui a inspiré à Boileau cette allusion à la « bizarrerie de la famille Perrault », et qui se caractérise par une profonde croyance des uns et des autres en leur capacité de faire du neuf.

A. Hallays présente ainsi cette famille : « Tous ces Perrault montrèrent dans leurs idées comme dans la conduite de leur vie, quelque chose d'irrégulier, de paradoxal qui devait exaspérer Boileau. D'abord, ils étaient tourmentés d'une passion de la nouveauté poussée jusqu'à la manie. Bien avant que n'éclatât la grande querelle des Anciens et des Modernes, déchaînée par Charles Perrault, Pierre, Claude et Nicolas avaient déjà traité avec la dernière irrévérence les auteurs de l'Antiquité. Autre singularité commune à toute la famille, chacun des Perrault, doué d'aptitudes diverses, se consacra soit successivement, soit en même temps, aux tâches les plus variées. »

- Pierre Perrault s'occupa de finances, d'hydrologie et de littérature. Il avait le goût des opinions nouvelles et entreprit de prouver que les grandes rivières font les petits ruisseaux. C'est ainsi qu'il composa un petit livre sur l'origine des fontaines.

- Claude Perrault fut médecin, physicien, naturaliste, architecte, latiniste, archéologue et rimeur à l'occasion !

- Nicolas Perrault fit ses débuts comme poète burlesque, en parodiant le VIème livre de l'Enéide. Mais en dehors de la parodie,

Nicolas se passionnait pour la mécanique et les mathématiques, et finit par devenir un éminent théologien !

- Charles Perrault, enfin, eut une carrière de fonctionnaire irréprochable et de parfait académicien, pour s'adonner ensuite à l'écriture des célèbres contes.

Mais qui donc est à l'origine de cette fratrie ?

La famille des Perrault serait originaire de Touraine, de souche bourgeoise. Le père, Pierre, était avocat au Parlement de Paris. Cet homme qui haïssait les superstitions, tenait à communiquer à ses enfants ses propres sentiments religieux et à « leur ouvrir l'esprit aux plus belles connaissances. » Fidèle au Jansénisme, Pierre Perrault faisait partager sa foi à toute sa famille.

La mère, Paquette Leclerc, elle aussi de milieu bourgeois, est originaire d'Ile-de-France. Nous apprenons par Charles Perrault, comment l'un et l'autre ont contribué aux études de leurs enfants : « Ma mère se donna la peine de m'apprendre à lire, ainsi qu'à tous mes frères, sans que pas un de nous y ait jamais eu le fouet. Mon père prenait la peine de me faire répéter mes leçons les soirs après soupé, et m'obligeait de lui dire en latin la substance de ces leçons » (Charles Perrault, *Mémoires de la vie*).

Cette disposition d'esprit à accorder foi à un principe supérieur, oriente les discussions familiales et contribue sans nul doute à recentrer autour d'une conviction opérante les énergies éparses. Si la création, comme la religion sont une des formes que prend l'activité sublimatoire, nous ne sommes guère étonnés de voir avec quelle fréquence cela se conjugue dans les familles de créateurs.

Au collège, Charles aime déjà argumenter, se montrant le digne fils d'un père avocat ! Or, au cours d'une altercation qu'il a avec un de ses maîtres, Charles quitte immédiatement le collège, suivi d'un de ses camarades, Beaurain. Nous voyons par ce trait l'aspect très indépendant de ce jeune adolescent qui, à partir de cette décision impulsive, va travailler pendant trois ans avec son camarade. C'est à cette période que les deux jeunes gens entreprennent de parodier le VIème livre de l'Enéïde. « Nicolas offre alors sa collaboration, Pierre, puis Claude le médecin, veulent être de la partie. L'ouvrage terminé, Charles le recopie de sa plus belle écriture, et Claude illustre le manuscrit de deux dessins à l'encre de Chine... Si ces gamineries élaborées en famille avaient été un simple amusement, il serait superflu de s'y arrêter. Mais les Perrault récidivèrent. » (A. Hallays, *Les Perrault*).

Nous percevons là, combien cette collaboration fraternelle rend compte à la fois de leurs affinités d'esprit et de leur profonde union. C'est très souvent, en effet, que les uns et les autres s'entraident en mettant en commun leurs idées et leurs talents respectifs. Par ailleurs, il est notoire de voir à quel point les Perrault sont toujours prêts à la polémique et à l'argumentation. Aucun des frères ne se fige dans la routine de sa profession, et cette liberté d'humeur est bien un trait commun à tous, et qui se révèle dès le jeune âge !

Comme bien d'autres familles de créateurs, la famille Perrault se démarque par cette originalité qui favorise chez chacun de ses membres une certaine errance hors des sentiers battus. Au gré de leur fantaisie et de leur imagination, ils s'exercent à différentes disciplines, amateurs passionnés par ce à quoi ils touchent. Ne retrouvons-nous pas là ce sens du « bricolage » qui prend cette fois une forme différente, puisqu'il ne s'agit pas spécialement de fabriquer des objets en tant que tels, mais de « bricoler » entre eux projets, idées et talents, avec autant de curiosité d'esprit et d'ingéniosité que le bricoleur en met à réaliser quelque chose de nouveau.

Chez les Perrault, le non-conformisme est donc prôné comme valeur spécifique, comme orientation de vie. Cette famille atteste que la ligne de partage entre les familles de créateurs et les autres ne passe pas par une différence de condition socio-économique, ou culturelle, ni par l'opposition entre ce qui relève de la pathologie ou d'une organisation symptomatique. Les familles de créateurs ne sont ni plus, ni moins « malades » que les autres familles ! Cette ligne de partage passe avant tout par ce qui est traditionnel, répétitif, voire parfois stérile. Ce qui ne l'est pas, ce qui se situe hors du connu, et souvent aussi hors normes...

Nous avons observé comment, dans la famille Perrault, chacun se montre épris d'une véritable passion de la nouveauté, au point que cette originalité et cette indépendance d'esprit leur furent souvent reprochées par certains de leurs contemporains.

Mais regardons de plus près ce qu'il en est de l'évolution de Charles Perrault lui-même, en tant que survivant à François, son frère jumeau. Marc Soriano a particulièrement bien étudié cette question de la gémellité de Charles, et il déduit de certaines expressions répétées une signifiance non négligeable : *Ma mère se donna la peine de m'apprendre à lire... Mon père prenait la peine de me faire répéter...*

Cette période de son enfance apparaît à Charles sous la forme d'une peine, d'un poids qu'il a infligé à ses parents. Il se trouve dans la situation du jumeau qui a perdu son bien le plus précieux et que l'on oblige pourtant à travailler. L'entrée au collège permet au jeune garçon de rattraper son retard et de faire éclore ses dons. Comment ce rétablissement a-t-il été possible ? Au collège, un de ses condisciples a vraisemblablement joué le rôle de jumeau effectif, ce qui lui a permis de retrouver une position gémellaire comportant en même temps amour fraternel et compétition pour la dominance.

Ainsi, Beaurain devient l'ami qui permet à Charles de retrouver cette complicité gémellaire, cette fraternité faite de connivence et d'affection chaleureuse qui lui sont indispensables pour aboutir à un véritable épanouissement. Nous pensons alors au rôle catalyseur que tient un ami préférentiel pour tout créateur, cet ami qui entre en résonance avec ce qu'il y a de plus profond, de plus inconscient chez l'autre, et qui permet ainsi la révélation de talents cachés.

« Les succès scolaires du jeune garçon, d'autant plus remarqués qu'ils sont inattendus, réagissent à leur tour sur le milieu familial. Les parents Perrault ont tendance à juger Charles à travers l'image de François, mais ils découvrent peu à peu Charles et commencent à l'apprécier. Quelques années après, nous retrouvons Charles apparemment bien intégré au milieu familial : il y reçoit ses amis, partage les sympathies jansénistes de ses frères et les fait collaborer à ses parodies. » (M. Soriano)

Par ailleurs, nous retrouvons chez les Perrault, cette ardeur à défendre l'identité, l'honneur de la famille, lorsque celle-ci se trouve attaquée. Ainsi, aux critiques de Boileau, Charles riposte avec véhémence : « Ma famille est irréprochable et elle l'est à un point que je lui ferais du tort si je me donnais la peine de la justifier de votre calomnie. » (Lettre à Monsieur D.) Il est clair que, comme toute famille, celle-ci présente des aspects critiquables. Si l'enfant pense que sa mère est intouchable, de même, dans les familles de créateurs où le sentiment d'appartenance est très affirmé, les membres ne supportent aucune atteinte à ce qui a représenté pour eux un creuset propice à leur création. Ce cadre familial reste sacré, comme en témoignent les réactions des uns et des autres.

Poussant plus loin encore son analyse de la gémellité de Charles Perrault, M. Soriano interprète la « rencontre » entre Charles et son dernier fils, Pierre-Darmancour, comme un prolongement de cette union primitive avec son jumeau François : « Perrault découvre soudain que son fils a du talent et décide de collaborer avec lui. L'œuvre respire le bonheur retrouvé. Apparemment, pour un temps très court, quelques années ou quelques mois, Perrault a pris son fils pour jumeau, il vit et crée par lui à travers sa jeunesse. » Et, de fait, les *Contes de Perrault* furent primitivement publiés sous le nom de Perrault d'Armancour.

Après toutes ces observations, est-il encore utile d'épiloguer sur les caractéristiques propres à la famille Perrault ? Elle rassemble de façon exemplaire la plupart des traits que nous évoquions dans nos hypothèses sur le fonctionnement des familles de créateurs : importance du cadre familial comme espace transitionnel, perception aigüe de l'identité familiale et du mythe qui s'y rattache, complicité qui rapproche intimement les différents membres, goût du bricolage, et force de la croyance de chacun et du groupe en tant que tel.

Toutefois nous nous priverions d'une source d'analyse précieuse, si nous n'allions poursuivre notre recherche du côté des œuvres des membres de la famille Perrault. Toutes, en effet, semblent puiser à un fonds commun, qui est en quelque sorte le patrimoine réel et fantasmatique du groupe familial. En écrivant les contes, le dernier des Perrault nous livre des clés importantes pour la recherche qui nous occupe.

Dans son étude sur ces contes, Marc Soriano fait ressortir certaines constantes qui se retrouvent dans tous les contes : l'idée de revanche, les dangers de l'amour, la gémellité, l'indignité des parents et l'insécurité des enfants face à des adultes peu fiables. Cette étude s'attache essentiellement à décoder à travers les contes, « l'équation personnelle » de Charles Perrault. Cependant, toutes ces observations évoquent aussi la représentation que Charles Perrault se faisait de la famille, soit qu'il en tire d'acerbes critiques, soit qu'il tente de renforcer certaines images, essentielles à son goût.

Essayons, en poussant encore plus loin cette réflexion amorcée par Soriano, de repérer quelle dynamique familiale se dégage de tous ces contes, et plus particulièrement, de quoi parle le conte intitulé *La Belle au Bois Dormant* ? Plus que tout autre, en effet, ce conte met en scène les ruptures de générations, et tout ce qui se rapporte à l'absent dans une famille.

Le postulat qui préside à cette étude des contes, en rapport à la dynamique de la famille Perrault, est le suivant : bien que l'auteur n'ait pas inventé de toutes pièces ces histoires, son choix et les adaptations personnelles qu'il en a faites traduisent non seulement la résonance que ces contes avaient en lui, mais aussi la façon dont certaines connotations familiales se trouvent en prise directe sur des processus à l'œuvre dans sa propre famille. Ainsi, le conte de *La Belle au Bois Dormant* nous présente d'emblée la naissance d'une famille. Il y est question d'un couple royal extrêmement fâché de ne pas avoir d'enfants (premier symptôme), et qui finalement se réjouit de la naissance d'une petite princesse. Cette fille, véritable enfant-roi, doit être pourvue de toutes les perfections, afin que rien ne lui manque ! C'est ainsi qu'elle a pour marraines toutes les fées du pays, qui sont au nombre de sept.

Pourquoi sept ? Chiffre parfait, s'il en est, selon plusieurs traditions, mais nous pouvons aussi penser que pour l'auteur, ce chiffre correspond exactement au nombre d'enfants de sa propre fratrie. Si l'on remarque que dans *Le Petit Poucet*, il y a aussi sept garçons, le fait semble, en effet, se confirmer. Cependant, les choses ne sont pas aussi claires, car dans ce dernier conte, il est dit ceci : « Il était une fois un bûcheron et une bûcheronne qui avaient sept enfants, tous garçons ; l'aîné n'avait que dix ans, et le plus jeune n'en avait que sept. On s'étonnera que le bûcheron ait eu tant d'enfants en si peu de temps ; mais c'est que sa femme allait vite en besogne, et n'en faisait pas moins de deux à la fois. » Le calcul est vite fait ! Il y a donc eu quatre naissance de jumeaux, ce qui fait huit enfants et non pas sept... Nous trouvons en filigrane la référence à la mort d'un jumeau, comme ce fut le cas chez les Perrault.

Or n'est-ce pas à la place de ce huitième jumeau, que se trouve la huitième fée de la *Belle au Bois Dormant* ? « On vit entrer une vieille fée, qu'on n'avait point priée, parce qu'il y avait plus de cinquante ans qu'elle n'était point sortie d'une tour, et qu'on la croyait morte ou enchantée. » Nous **assistons là au retour d'un fantôme**, à la présence d'un absent, à la résurgence de ce que l'on croyait profondément enseveli et qui, faute de se sentir convoqué au même titre que tout le monde, faute d'avoir droit aux mêmes égards, va se venger contre ceux dont la mémoire est si courte...

Toutefois, ce mort qui vient hanter la famille et qui trouble les vivants, est une vieille fée. Il me semble y avoir là une condensation de plusieurs morts, et sur plusieurs générations. Non seulement, Charles Perrault fait référence à son jumeau mort à six mois, à sa sœur Marie, seule fille de la fratrie, morte à treize ans, mais certainement aussi à des morts qui ont marqué la vie de ses parents aux générations précédentes, et dont le deuil n'a pu être suffisamment élaboré. C'est ainsi, selon la théorisation de Nicolas Abraham, que se creuse **une crypte au sein du Moi**, « crypte qui témoigne de l'existence d'un mort enterré dans l'autre » (*L'écorce et le noyau*).

Cette crypte apparaît symboliquement dans le conte, sous la forme de ce lieu clos inaccessible, où la jeune princesse se trouve endormie pour cent ans ! Perrault note bien que « le roi et la reine, après avoir baisé leur chère enfant sans qu'elle s'éveillât, sortirent du château et firent publier des défenses à qui que ce fût d'en approcher. Ces défenses n'étaient pas nécessaires, car il crût, en un quart d'heure, tout autour du parc, une si grande quantité d'arbres, de ronces et d'épines entrelacées les unes dans les autres, que bête ni homme n'y auraient pu passer. »

Tous les enfants Perrault, curieux et avides de savoir, assez tourmentés, n'eurent sans doute pas besoin que leurs parents leur défendent explicitement d'aller explorer ces régions obscures de l'histoire familiale, car dans cette famille comme dans beaucoup d'autres, **les cryptes impénétrables se font sentir par toutes sortes de symptômes**. Ces nombreuses querelles de paternité qui jalonnent la vie littéraire de Charles Perrault, sont les symptômes apparents d'un doute à ce niveau, et qui renvoie certainement à quelque chose de non élucidé aux générations précédentes. De même, dans la célèbre querelle des Anciens et des Modernes, où les Perrault attaquèrent de façon virulente les Anciens, nous pouvons discerner quelque compte à régler avec des représentants de leur propre passé familial.

Aussi, lorsque Bettelheim (*Psychanalyse des contes de fées*), suggère que ce long sommeil de la princesse symbolise la léthargie de l'adolescence avant la mise en œuvre de la sexualité, il n'aborde, me semble-t-il, qu'un cas de figure. Ces « cent ans de sommeil » évoquent aussi l'éternité, le non-temps, et nous renvoient alors à un blanc, un vide (passage à vide, décompensation psychotique de certains adolescents), avec un retour obligé vers le sommeil, une certaine forme de mort. Mais je dirais aussi que ces cent ans correspondent à une rupture de générations.

Il n'est donc pas anodin d'apprendre que la bonne fée endort de sa baguette tout l'entourage de la princesse « hors le roi et la reine » ! Pourquoi cette exception pour les parents, alors même que ceux-ci avaient tant attendu la naissance de cette fille, et qu'ils savent bien que cette dernière ne se réveillera que dans cent ans, c'est-à-dire longtemps après leur propre mort ? Nous sommes bien au cœur de processus familiaux complexes : un enfant si investi ne peut survivre que s'il y a mise à mort. Mort des parents, mort de leur désir si fort qu'il en devient mortifère, ou comme c'est parfois le cas, mort de l'enfant surinvesti par ses parents.

Cent ans après, un prince d'une autre famille interroge les gens de son entourage sur ces mystérieuses tours au-dessus d'une épaisse forêt. « Chacun lui répondit selon qu'il en avait ouï parler... Le prince ne savait qu'en croire. » Nous voilà questionnés par le problème des transmissions orales et des transmissions psychiques. Que sait-on explicitement et que sait-on au niveau inconscient, sans le savoir ? Peut-on se fier à ce qui se colporte de génération en génération, et à quels signes reconnaîtra-t-on la vérité de l'information ?

Dans le conte, les signes ne se font pas attendre et sont d'ordre corporel. « Le jeune prince, à ce discours, se sentit tout de feu ; il crut, sans balancer, qu'il mettrait fin à une si belle aventure. »

Lorsque le prince ouvrit la crypte, « c'était un silence affreux : l'image de la mort s'y présentait partout ; ce n'était que des corps étendus d'hommes et d'animaux qui paraissaient morts. »

Confirmation, s'il en était besoin, de cette assimilation entre le sommeil et la mort, entre le réveil et l'ouverture d'un tombeau collectif. Tout change alors brusquement. Non seulement le réel reprend ses droits sur les fantasmes mortifères : « chacun songeait à faire sa charge », mais les anciens symptômes deviennent caduques.

Contrairement à Bruno Bettelheim qui pense que Perrault « dévalue considérablement son œuvre en mélangeant la rationalité terre à terre de ses remarques et l'imagination propre aux contes de fées », ces détails nous paraissent signifiants et dignes d'intérêt !

Ainsi Charles Perrault qui s'était toujours élevé avec virulence contre les Anciens, se plaît à introduire dans le conte des remarques étonnantes, faisant l'apologie des goûts, de la mode et des œuvres des générations antérieures : « Il se garda bien de lui dire qu'elle était habillée comme ma mère-grand, et qu'elle avait un collet monté ; elle n'en était pas moins belle... Les violons et les hautbois jouèrent de vieilles pièces mais excellentes, quoiqu'il y eût près de cent ans qu'on ne les jouât plus. »

De la même manière, Bettelheim ne comprend pas les mobiles qui amènent Perrault à faire que le prince tienne secret son mariage avec la Belle au Bois Dormant jusqu'à la mort de son père. Or précisément, dans la crypte il y a toujours une « scène à taire », et ce secret auquel l'enfant n'a pas accès, se traduit par la nécessité inconsciente de rejouer, à la génération suivante, cette scène cachée. Ainsi, c'est le prince qui, dans ce conte, vit ce que

Nicolas Abraham appelle une « identification endocryptique ». Lui-même, pris dans la problématique inconsciente de la princesse et son histoire familiale, se voit dans l'obligation de tenir secrète son union et sa filiation. Qui plus est, on assiste à une répétition de ce scénario secret, dans la mesure où, pour empêcher la mère du prince (devenu roi) de dévorer sa bru et ses deux petits-enfants, c'est le maître d'hôtel qui les cache chez lui !

Le conte se termine sur une revanche éclatante. Au début de l'histoire, la jeune fée avait décidé d'être la dernière à parler, afin de réparer le maléfice que la vieille ferait, mais sa réparation n'est que partielle. « Il est vrai que je n'ai pas assez de puissance pour défaire entièrement ce que mon ancienne a fait. » Charles Perrault qui, en tant que dernier enfant de la famille, s'identifie certainement à cette jeune fée, avoue là à la fois son désir de réparation, et son impuissance à tout remettre en ordre dans la famille. À la fin de l'histoire, c'est la mère-ogresse, l'archétype de la mère créatrice et mortifère, qui se précipite elle-même dans la grande cuve remplie de serpents et de crapauds qu'elle avait fait préparer pour sa bru et ses petits-enfants !

De la sorte, ce n'est ni une fée, ni un petit poucet, qui auront raison de toutes ces choses horribles qui habitent les parents monstrueux. Eux-mêmes périssent de leurs propres pulsions. Ce réservoir pulsionnel dangereux où des fantasmes sexuels et archaïques menacent les générations suivantes, va s'offrir en tombeau ultime pour qui trahit la confiance des siens.

Il est regrettable que nous n'ayons pas de plus amples renseignements sur la généalogie et l'histoire familiale de la famille Perrault, car beaucoup de questions s'ouvrent à nous à partir de ces quelques remarques. Qu'ont pu transmettre les parents et les grands-parents sur leur propre histoire, et à quels avatars toutes ces transmissions renvoient-elles ?

Quoiqu'il en soit, il est assez éclairant de voir comment Charles Perrault et, avec lui, chacun de ses frères, ont pu reprendre à leur compte cette histoire familiale en écrivant ou en mettant en œuvre leur propre « roman familial ».

C'est peut-être avant tout grâce à cette capacité de transformation d'éléments bruts, que les uns et les autres ont pu exprimer leurs talents et se trouver un peu moins prisonniers de symptômes irréductibles.

3.6. La famille Bonnec
Maman, les p'tits bateaux...

Regardons vivre une famille qui ne se caractérise pas par une vie hors du commun, où l'ascendance généalogique et le patrimoine familial seraient considérés comme une pépinière d'où germeraient nécessairement de futurs créateurs !

À ce titre, cette famille marquée par une vie simple, sans relief véritable, nous permet une analyse des processus qui ne se réfèrent pas aux circonstances de vie particulières de familles telles que celles des Brontë, des Marx ou des Claudel par exemple. Pour autant, les processus créateurs n'en sont pas moins à l'œuvre !

Alain et Daniel Bonnec sont deux frères, connus en peinture sous le nom des « frères Bonnec ». Ce sont les deux seuls enfants d'un couple dont le père est projectionniste de cinéma, et la mère couturière à domicile. La célébrité des Frères Bonnec se fait jour par des expositions en France et à l'étranger.

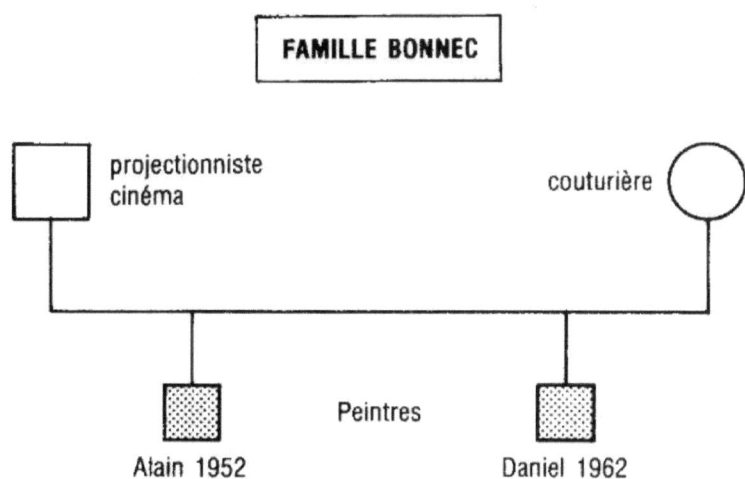

Il y a quelques années, Jacques Chancel les a découverts en leur confiant les décors de son « Grand Echiquier » consacré aux sœurs Labèque - une belle idée, que celle d'associer la musique de deux sœurs à la peinture de deux frères ! Michel Drucker, à son tour, les présentait à « Champs Elysées », avec le mime Marceau.

Je les rencontre au café de Flore, où ils me font découvrir certaines de leurs œuvres : peintures, gravures, lithographies et médailles réalisées pour la Monnaie de Paris.

D'emblée, la fraîcheur et la luminosité de leurs créations me frappent ; une technique sérieuse au service d'une sensibilité où passent sentiments, charme et émotion, un optimisme qui se lit dans des yeux rieurs, mais jamais cyniques ou désabusés.

Ainsi, cette lithographie où deux chouettes en tandem, la lune sur le porte-bagages, roulent sur le chemin des rêves... Ou encore ce jardinier qui taille un arc de triomphe dans un arbuste épais... Ou comment construire les villes à la campagne !

(*Le triomphe de Charlot* des Frères Bonnec)

Une véritable « mythologie Bonnec » apparaît sous nos yeux, un monde où humour et poésie se combinent harmonieusement pour laisser libre cours à notre imagination. Des clins d'œil auxquels chacun est sensible, s'il a gardé, selon le mot de Francis Blanche, « le coquillage bleu du fond de mon enfance ». Pierre Dehaye, membre de l'Institut

Académie des Beaux-Arts, parle aux frères Bonnec en ces termes : « Comme le meilleur humour est inspiré par l'amour, il n'est pas étonnant que vos créations cocasses rayonnent de tendre poésie. »

Dans cette civilisation qui sera plus que jamais une civilisation de l'image, ces deux frères sont poussés par l'envie et le bonheur de partager leurs peintures avec le plus grand nombre. En se présentant intimement liés, ils se montrent confiants dans l'aventure qui est la leur car comme disait Derain : « L'artiste est assis sur un rocher, il fait corps avec, il n'est de vagues qui puissent l'atteindre ! »

Si l'on veut parler de « croyance » à propos des créateurs et des familles de créateurs, c'est bien de cela dont il s'agit là : Alain et Daniel Bonnec croient en ce qu'ils font, ils voient grand, tout comme leurs parents ont toujours cru en leurs fils et les ont constamment encouragés à être les meilleurs en tout. Daniel se souvient que lorsqu'il annonçait à sa mère qu'il était second en classe, sa mère lui disait : « Non! c'est premier qu'il faut être. »

Mais regardons plus attentivement le milieu d'origine de ces peintres, l'ambiance familiale qui était la leur au cours de leur enfance, et comment a pu naître chez eux cette conviction que toute leur vie s'orienterait autour de la création et des images.

Issus d'une famille modeste, Alain et Daniel ont toujours baigné dans le monde du cinéma ; ils avaient en effet l'opportunité de voir de nombreux films grâce à leur père dont le métier consistait à projeter des films en salle. « Ce que nous faisons et le cinéma, c'est quasiment le même métier : d'abord l'image, et si nous avions les moyens de faire du cinéma, nous en ferions. Chaque peinture est une séquence de film. »

Toutefois, ce goût pour les images n'est pas uniquement corrélé à leur père; eux-mêmes se plaisent aussi à évoquer certaines figures familiales qui se sont distinguées dans la création: un des cousins de leur père s'était vu confier la décoration du paquebot *France*, et cela a eu une certaine influence dans la mesure où on parlait beaucoup de ce cousin dans la famille.

Par ailleurs, un grand-oncle, frère dans un ordre religieux, était organiste et faisait sensation dans la famille car il fabriquait des décors de théâtre pour les frères. J'entendrai parler de ce grand-oncle comme d'un personnage pittoresque, petit, avec de grandes oreilles, et qui était certainement le plus lettré, celui qui avait l'esprit le plus fin et qui avait beaucoup voyagé ! Comme Victor Hugo, il s'était exilé à Guernesey au moment de la séparation de l'Eglise et de l'Etat.

Il sera alors question de leur grand-père paternel qui avait lui aussi fait plusieurs fois le tour du monde, était devenu petit armateur pour finir par se perdre en mer ; ou encore de leur grand-père maternel, maréchal-ferrant et forgeron, métier où l'on retrouve ce goût pour l'artisanat et le travail bien fait. Nous voyons comment les uns et les autres restent des figures de proue pour Alain et Daniel, qu'ils les aient connus directement, ou que leur histoire transmise au fil des générations se transforme en légende dont les deux frères Bonnec retiennent essentiellement l'orientation aventurière.

Une idée de la vie qui correspond bien à la réponse que fit un jour Woody Allen à son psychanalyste qui lui demandait :

- Voulez-vous du thé ?

- Ce n'est pas de thé dont j'ai besoin, c'est de rêve, de rire et de risque !

Les frères Bonnec aussi s'affirment avec humour dans leur art.

- Nous tenons à notre indépendance, à notre liberté de création, en étant les plus disponibles et les plus mobiles possible à travers le monde. Chaque exposition est toujours le départ d'une nouvelle aventure.

Cette aventure, c'est déjà celle qu'Alain connaissait, lorsque tout petit, il démontait systématiquement ses jouets ou que, « élevé dans les chiffons » par une mère couturière, il a joué pendant dix ans sous la table avec trois fois rien : des bouts de carton et des chiffons de toutes couleurs, des boites et des bobines, et ainsi que le lui avait montré son grand-oncle, il s'ingéniait à faire des séries de bateaux en papier qu'il mettait bout à bout ! Daniel reprend à son compte ce que me dit son frère à propos des vieux réveils que le père mettait à sa disposition pour qu'il les démonte, en invoquant la dimension imaginaire présente dans tout cela.

Constamment, les deux frères semblent se répondre mutuellement. L'un vient compléter, en le confirmant, ce que l'autre est en train d'exprimer, et il est un fait qu'au cours de ce long entretien que nous avons eu à la terrasse du café de Flore, j'ai pu remarquer que leur communication s'établissait sur un mode complémentaire, ressemblant en cela à leur peinture où il apparaît difficile de différencier ce qui revient à Alain ou ce qui est réalisé par Daniel !

On peut toutefois noter un humour plus large chez l'un, laissant place, chez l'autre, à une poésie plus contemplative. Interrogés à ce sujet, ils ne se posent même pas la question, car ils ont souvent les mêmes idées, les mêmes réactions par rapport à une situation donnée, et ils n'hésitent pas à parler de « complicité » dans l'humour ! Pourtant, il s'agit bien d'osmose progressive, où tous deux se sont nourris, au fil des années, des idées de l'un et de l'autre pour rapprocher leur expression, et finalement imposer cette image des frères Bonnec !

Lorsque le frère aîné, Alain, était étudiant aux Beaux-Arts, Daniel n'avait que dix ans. Mais déjà Alain lui confiait de grandes plaques de cuivre sur lesquelles il gravait ce qu'il voulait. De même, Alain donnait à son frère les papiers les plus beaux : du chiffon d'Arches, pour qu'il s'exerce à peindre comme il en avait envie ! On le voit, cette fraternité et le désir d'associer l'autre à ses activités ont toujours été très actifs dans la famille Bonnec. Ne pas craindre de gâcher du matériel de qualité, alors qu'ils vivent modestement, c'est là encore, accorder toute sa confiance à l'autre et croire que rien n'est trop beau pour exprimer ce qui est en soi.

C'est dans cet esprit aussi, que leurs parents qui habitaient en appartement ont pu accepter qu'Alain transforme sa chambre en un véritable atelier de gravure ! Non seulement, Alain y avait introduit une presse récupérée aux Beaux-Arts, mais il imposait à sa mère un assortiment de tubes, pinceaux, brosses, crayons et papiers qui ne permettait plus de garder à la chambre son aspect premier !

Dans tous ces petits détails de la vie quotidienne, nous percevons comment l'ensemble de la famille a pu contribuer à la mise en œuvre des talents des deux frères, et comment leur complicité a pu se consolider au fil des années. Il n'est qu'à regarder le sigle qu'eux-mêmes ont composé et qu'ils apposent sur leurs gravures : il s'agit d'un kangourou entouré par l'inscription suivante : *Frères Bonnec*.

- Pourquoi un kangourou ?

- C'est un animal qui court vite, qui fait des bonds et surtout... il y en a toujours deux, un dans la poche de l'autre !

C'est une métaphore analogue qu'avait utilisé Jean-Louis Barrault pour évoquer le lien intime qui s'était créé entre lui et Madeleine Renaud, « dans la poche l'un de l'autre ».

Il s'agit là bien sûr, d'une référence au lien amoureux, mais le petit kangourou est aussi dans la poche de sa maman. Ce lien étroit qui unit les deux frères Bonnec n'a-t-il pas quelque chose à voir avec tout cela ? Si nous repensons aux réactions habituelles devant les relations symbiotiques, nous ne pouvons que soupçonner cette famille d'avoir quelques difficultés à bien gérer les séparations... C'est possible, après tout, mais il s'agit moins de chercher un modèle familial normatif, que de repérer comment ce qui se vit dans cette famille contribue à en faire quelque chose de vivant.

Du reste, cette proximité, si elle se manifeste entre Alain et Daniel de façon évidente, s'étend certainement à tout le groupe familial. Tous deux présentent leur famille comme un groupe solidaire, qui n'est pas près de se séparer, puisqu'ils ont acheté en commun une maison où ils vivent ensemble et dont l'intérieur est à l'image de leur goût des couleurs et de leur fantaisie.

Cependant, bien qu'intimement liés, ces deux frères tiennent aussi à garder leur liberté de vivre une vie différente, en ne sacrifiant en rien ce qu'il y a d'original en eux.

Toutefois, nous aurions omis quelque chose de central, si nous ne parlions pas de la motivation essentielle qui conduit les deux frères sur les sentiers de la création. Nous voulons évoquer là leur détermination à se faire plaisir, leur bonheur de peindre en se renouvelant sans cesse pour garder toujours le même enthousiasme à créer. Une activité qui, étant reconnue par le public, leur permet de partager leur vision du monde. Un monde marqué par la fraîcheur de l'enfance, un monde où les animaux sont des porte-paroles pleins d'humour, un monde où deux chouettes traversent en vélo un paysage nocturne, un croissant de lune bien attaché par un nœud rose sur le porte-bagages de leur tandem...

Les peintures réalisées par ces deux artistes, sont représentatives de leur humour, de leur fraîcheur, de leur poésie. Sous une apparence de tendre naïveté, se cache toute une philosophie du monde dont les accents font penser aussi bien à Prévert qu'à Marcel Aymé ou Spielberg. Ainsi, le jardinier peint par Daniel, sort des figures imposées, pour tailler son arbre en forme d'oiseau. Cet oiseau ne va-t-il pas se mettre à chanter ? Même les autres oiseaux s'y trompent : l'illusion devient pour un temps réalité.

Nous retrouvons ce même espace transitionnel dans une histoire de violoniste assis sur une branche. À son tour, l'archet est pris pour une branche sur laquelle l'oiseau vient se poser, et le musicien retrouve un orchestre, une chorale en pleine nature ! (*Le printemps*).

Un autre épisode de l'histoire du violoniste montre que dans un paysage de neige où tout est endormi par le froid, des oiseaux multicolores entourent le violoniste triste et seul sur son banc. Une à une, il met dans son escarcelle les notes de musique que lui offrent ses amis musiciens. Par magie, les notes deviennent des objets tangibles, des trésors qu'il pourra garder avec lui, comme l'enfant dont le doudou, cet objet consolateur et transitionnel est sans prix ! Quand ils étaient petits, les frères Bonnec ont dû tomber dans une potion magique faite d'humour et de poésie...

De nombreuses peintures, elles aussi pleines d'humour, nous parlent de la trace qu'a laissé chez ces deux peintres bretons, les récits concernant les bateaux et les voyages en mer.

La pêche mirobolante (1980) d'Alain Bonnec.

Une caravelle de rêve, avec pour figure de proue une licorne, autre animal fabuleux, symbole de puissance et de pureté. Renversement des rôles ! Ce merveilleux trois-mâts est pris à l'hameçon. « Tel est pris qui croyait prendre » dit le proverbe, c'est « l'arroseur arrosé ». L'humour vient du paradoxe de la situation. Peut-être y a-t-il là une allusion à ce grand-père auréolé de prestige, dans son amour pour les bateaux (armateur), sa passion à faire le tour du monde, et qui finit par se perdre en mer ? Le rêve s'écroule devant un réel inattendu, mais le petit-fils s'approprie l'histoire et s'autorise à en rire !

Le tir alcoolisé (1980) d'Alain Bonnec.

Une bouteille jetée à l'eau. À qui donc est lancé ce S.O.S. ? Un paysage tient lieu de manuscrit dans la bouteille. Voici ce qu'en images, il nous dit : Bien qu'imbibé d'alcool, un corsaire tire et fait mouche sur un prestigieux bateau ! Le petit corsaire - petit poucet vainqueur de l'ogre - a construit son univers à l'intérieur d'une bouteille. Son coin de paradis se trouve dans ce contenant bien fragile, qu'il a même dû casser pour en faire dépasser le canon. Mais à l'intérieur de cet univers qu'est la bouteille, il voit loin, grâce à la longue-vue) et se sent fort (canon). C'est le principe des poupées russes : une petite bouteille dans une plus grande, mais là encore la situation paradoxale nous montre comment le plus petit peut contenir le plus grand (corsaire, terre, canon dans la bouteille !)

Quel appel au secours lance ainsi le peintre? Se fait-il le porte-parole d'un marin imbibé d'alcool, ou est-ce un clin d'œil malicieux, une tacite complicité avec tel ou tel membre de l'entourage familial ou amical ?

La splendeur égarée (1980) Alain Bonnec.

Ici, la carcasse d'un vieux bateau échoué sert de support à une bouteille contenant une splendide caravelle, une dame sans âge, au-delà du temps, belle ou pas, nous n'en savons rien, marche sur les eaux et contemple la splendeur égarée. De quelle splendeur s'agit-il ?

- Cette femme égarée sur la mer, et dont les passagers du bateau peuvent penser que c'est une « splendeur égarée » ? D'où regarde-t-on cette scène ? Que cherche cette femme, cheveux défaits ? Et caravelle rutilante dont les mâts transpercent la bouteille ? (on sort toujours du cadre chez les Bonnec !) L'ancienne caravelle échouée, égarée et dont il ne reste que l'ossature ?

Là encore, nous sommes en plein paradoxe. Le peintre joue avec l'humour, le rêve, l'imaginaire. Dans quelle bouteille, dans quelle enceinte se trouvait pris le bateau de ce grand-père paternel disparu en mer ? Englouti par la mer, égaré en pleine mer... Deuil très proche et douloureux, dont il est sans doute difficile de parler autrement que sous forme d'images; tout cela donne vie à d'autres images, à des scènes paradoxales où le vrai et le faux n'existent plus, où rêve et réalité se confondent comme peuvent se confondre présence et absence, vie et mort, aîné et cadet.

Je terminerai par ce poster où nous pouvons découvrir plusieurs aspects déjà évoqués. Une inscription tout en bas : « Dessine-moi la mer. » Le « dessine-moi un mouton » du Petit Prince n'est pas loin, mais…la mer n'a-t-elle pas de beaux moutons blancs, elle aussi ? Nous y retrouvons l'importance de la mer, comme signifiant majeur de l'espace familial Bonnec. Est-ce le père qui demande à ses fils de lui dessiner la mer, cette mère-ogresse qui lui a ravi son père, ou les deux fils qui demandent à leur père de leur parler de toute cette histoire douloureuse, pour l'éclairer, la transformer ? « Dessine-moi la mer... »

Le Petit Prince demandait à l'aviateur « Dessine-moi un mouton » et devant le dessin qui lui était proposé : Non, celui-là est malade ! Non, il est trop vieux ! Non, il ressemble à une chèvre ! Seule la boîte, le contenant à l'intérieur duquel est supposé se trouver le mouton le satisfait pleinement ! De même pour l'éléphant à l'intérieur du boa. L'essentiel est toujours « invisible pour les yeux » et il faut partager la même croyance, la même illusion pour faire vivre une réalité dont on ne voit que le contenant.

Comment ne pas être sensible à la symbiose matérialisée dans cette œuvre réalisée en commun : le chevalet porte une peinture signée Daniel Bonnec, alors que le poster est signé par Alain. Comme dans ce poème de Prévert où l'oiseau sort de sa cage, après que l'enfant ait effacé tous les barreaux, ici, les oiseaux s'envolent, sortant de la toile de Daniel puis s'échappant même du plus grand cadre, traduisant par là ce goût de la liberté qui anime les deux frères.

« L'art est un jeu, tant pis pour ceux qui en font un devoir ! » Cette phrase de Max Jacob correspond bien à l'enthousiasme et au plaisir de créer qui émane des frères Bonnec. Nous sommes loin des logiques réalistes, mais bien plus proches de ces espaces où rêve, jeu et poésie s'intègrent au réel pour en rehausser les couleurs, toutes les couleurs de la vie !

2.7. La famille Prassinos

Retour aux plaisirs de l'enfance

Originaires d'Istanbul en Turquie, les Prassinos ont quelque chose d'insolite dont je tenterai de relever les caractéristiques. Mais avant d'évoquer l'ambiance familiale et certains souvenirs qui ont marqué l'enfance des deux créateurs que sont Mario et Gisèle Prassinos, prenons le temps de rappeler en quoi le frère et la sœur se sont distingués dans cette aventure de la création.

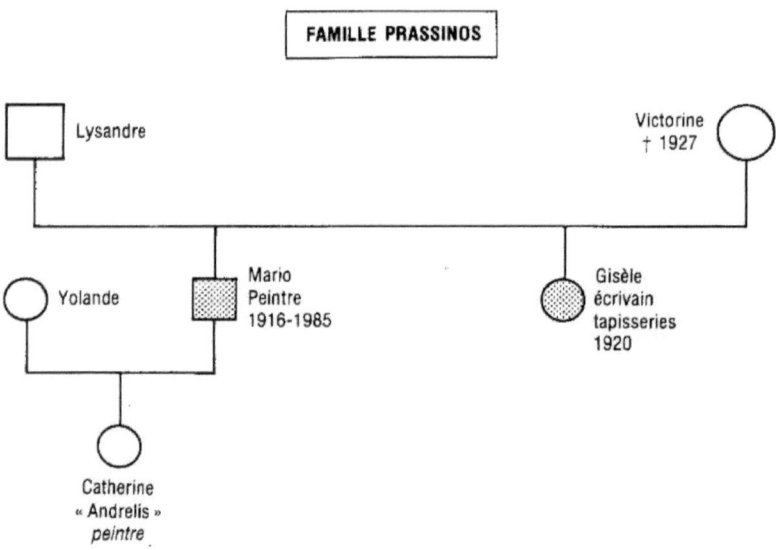

Depuis de nombreuses années, Mario Prassinos et sa sœur Gisèle sont reconnus par le public comme des créateurs de renom, dont les œuvres ne peuvent laisser indifférents.

Depuis 1932, Mario Prassinos eut une carrière entièrement consacrée à la peinture, la tapisserie, la gravure et aux décors de théâtre. Il a longtemps été le meilleur créateur français de tapisseries, et un peintre affranchi de toute contrainte dont chaque exposition présente un moment nouveau de sa peinture. Ainsi, par exemple, de celle qui eut lieu à Paris, au Grand Palais, en 1980. Loin d'être une rétrospective de son œuvre déjà importante, cette exposition offrait au public des peintures et des dessins sur la forêt.

Né en 1916, Mario Prassinos vivait en Provence, à Eygalières, où il avait son atelier. Voici ce qu'en dit François Nourissier : « Quand j'entre à Eygalières, dans l'atelier de Prassinos, il me semble toujours surprendre un aventurier dans le frémissement de son aventure. Prassinos n'est pas arrivé : il voyage. » (Catalogue de l'exposition du Grand Palais).

De quatre ans plus jeune, Gisèle Prassinos-Fridas a fait très tôt une entrée triomphale dans la littérature, avec la publication à quinze ans de son premier recueil de poésies : *La sauterelle arthritique*. Sa poésie spontanément surréaliste, faite d'inventions drôles et saugrenues, a tout de suite été repérée par André Breton qui disait d'elle : « C'est la révolution permanente en belles images coloriées à un sou. Tous les poètes en sont jaloux. »

Depuis, Gisèle Prassinos a beaucoup écrit, du roman autobiographique aux textes de pure fiction tel *Brelin le frou*, sans compter les nombreux recueils de poésies pour adultes et enfants. Mais ce serait méconnaître Gisèle, que de la réduire au seul statut d'écrivain. Bricoleuse dans l'âme, et toujours en quête de nouveauté, elle sait mettre son imagination fertile au service de créations diversifiées.

C'est ainsi qu'avec ses « images de feutre » (véritables tapisseries surréalistes), et ses personnages de bois plus désopilants les uns que les autres, Gisèle Prassinos met en scène des personnages légendaires ou bibliques, des héros célèbres qui sortent tous des sentiers battus !

Habitant Versailles, je n'ai personnellement pas résisté à l'humour de ce jardinier affublé d'un large chapeau, d'un tablier et de sabots, l'arrosoir à la main, râteau et faucille sur l'épaule : « Le Nôtre à ses débuts » !

Qui étaient donc les Prassinos, et quel style de vie familiale ont connu Gisèle et Mario, pour être tous les deux de constants agents de métamorphose ?

Lysandre Prassinos, le père, était professeur de français et dirigeait la revue « Logos » à Constantinople. Tout concourt à laisser de lui l'image d'un humaniste artiste : pour son plaisir, il écrivait des poèmes et pour le public, il traduisait l'œuvre de Dante en grec ! Cet homme qui aimait peindre était féru d'art et entretenait de longues conversations avec son fils, lui-même passionné de peinture !

« J'étais subjuguée, nous dira Gisèle, je ne comprenais rien à ce qu'ils disaient, mais je les entendais constamment et il y avait tout-de-même quelque chose qui passait... Ne serait-ce que le climat ! »

Et elle fera revivre pour moi ces délicieux souvenirs où les enfants assistaient, émerveillés, au retour du père qui avait terminé sa semaine de travail ; nous retrouvons ce moment dans le roman autobiographique écrit par Gisèle : *Le temps n'est rien*. « Le samedi, vers deux heures, on sonnait à la porte. C'était le père, les bras chargés de paquets : livres, plantes grasses, bibelots, disques. Deux œufs sur le plat, impatiemment, déballage, papiers neufs chiffonnés dans la corbeille. Les achats brillaient dans nos yeux. La chambre-sanctuaire s'animait. On cherchait la place des nouveaux arrivants, on déplaçait les vieilles choses avec une tendresse confuse, comme pour ménager leur cœur. C'étaient des paires de ciseaux, des canifs, des poignards, des règles ou des stylomines alignés par ordre de taille sur des morceaux d'étoffes précieuses, des coffrets de formes et de matières diverses. »

Pourtant, la famille n'était pas particulièrement riche, mais nous voyons là que les priorités accordées aux choses se situent dans un autre registre que le simple utilitaire, et que le père sait associer ses enfants aux transformations de l'environnement !

Victorine, la mère, tient relativement peu de place dans cette histoire familiale, dans la mesure où elle est décédée à trente-deux ans, alors que ses enfants étaient encore jeunes. En revanche, comme la plupart des orientaux, les Prassinos vivaient en tribu avec les deux sœurs de Victorine et leur propre mère. Cette ambiance familiale était tendue en raison d'une grande rivalité entre ces deux tantes, et des conditions socio-économiques difficiles pour ces exilés pauvres qui devaient gagner leur vie d'arrache-pied. Conflits donc, beaucoup d'énervement, mais de grandes joies dont aussi bien Mario que Gisèle gardent un souvenir inaltérable.

Ainsi, le fait d'avoir vécu près d'un pseudo grand-père (le second mari de leur grand-mère) artiste et touche-à-tout, qui aimait beaucoup les enfants et leur laissait libre accès à son atelier où il faisait peinture et mosaïque, a certainement contribué à cultiver chez ces enfants le goût des couleurs. Dans *La colline tatouée*, Mario Prassinos se souvient : « Ce que Prétextat, à Nanterre, appelait son atelier était une barraque de planches... Dans cette cabane, l'enfant aimait s'accroupir et regarder le vieillard concasser ses tesselles multicolores et les reporter sur carton inversé si péniblement dessiné. Il jouait, lui aussi, avec ces petits cubes approximatifs, parfois minuscules, luisantes pierreries sur le sol poussiéreux... La cabane sentait la cire, la fumée de pipe, la fumée de charbons et l'indéfinissable odeur de l'artiste. » Il est facile d'imaginer l'éblouissement des enfants devant ces petits pavés brillants conservés dans des boites de pastilles Valda, qui pouvaient faire penser à des pâtes de réglisse, ainsi que devant tous les outils de cassage, les colles et tout un attirail propre à faire rêver !

Comme chez les Prassinos, la plupart des créateurs se réfèrent à un aïeul qui a influencé leur création. Cet aïeul a soit lui-même créé quelque chose, soit favorisé chez ses descendants le goût du travail artisanal appliqué à l'art, à l'écriture ou aux sciences. Chez les Bach, c'est bien sûr à l'aïeul qui se prénommait Veit, que chacun se plaît à faire remonter cette dynastie de musiciens : Veit le meunier, jouait de la cithare en écoutant tourner les ailes de son moulin... Les Brontë héritent de leur grand-père paternel, conteur, leur disposition à la fabulation et le goût d'écrire des histoires ; évoquons encore Fanny, la grand-mère harpiste des frères Marx, le grand-père aventurier des frères Bonnec, et ce fameux grand-père Prétextat dont Mario Prassinos nous a tellement parlé !

Si la relation grand-père-petit-fils est importante d'une façon générale, mais tout particulièrement chez les familles de créateurs, n'est-ce pas en raison de l'articulation spécifique que nous pouvons observer, entre la vie et la mort, la création et la mise à mort de l'image du père ? Cette relation médiatrice entre le fils et le père permet sans doute, comme le suggère Guy Rosolato, de tuer le père en faisant œuvre nouvelle, sans que cette culpabilité soit trop lourde à porter : « Affirmer le rôle de l'ancêtre (du grand-père par exemple) permet au fils de nier le père sans toutefois, comme il se doit, faire porter directement le meurtre sur le père, mais sur une partie de ses fonctions, la fécondation, tout en retrouvant dans le grand-père une image pouvant supporter la paternité et par là en témoigner. » (*Essais sur le symbolique*).

Nous trouvons dans la vie de Freud une illustration assez explicite de la force de cette identification à un grand-père réel et mythique à la fois. Né trois mois après le décès de son grand-père paternel, le rabbi Schlomo, Sigmund Freud porte de surcroît, son prénom. Salomon « sage ». Dans le cas de Schlomo-Sigmund Freud, ce « fantasme d'identification » est fécond, dans la mesure où il contribue à soutenir la mise en œuvre de ses aptitudes créatrices : « Ce qui pouvait être source d'inhibition fut à l'origine d'une œuvre. Freud n'eut de cesse que de réconcilier en lui son grand-père et son père, confondant enfin leurs images contradictoires dans cette statue du vénérable Jacob dont « l'interprétation des rêves » nous fait suivre l'édification. » (A. de Mijolla, *Les visiteurs du moi*).

On assiste alors à une mise en scène d'une filiation où l'ancêtre, père ou grand-père, occupe une place centrale dans l'unité familiale. Il est intéressant pour notre propos, de suivre la réflexion de Dominique Geahchan à propos du parricide. Monique

Schneider nous le rapporte ainsi : « Le parricide, interprété comme oubli du culte des morts, serait en quelque sorte postérieur à la mort du père. Le parricide n'est rien d'autre que le refus de répondre à la « faim » de l'ancêtre, refus de connaître cet étrange cordon ombilical institué post mortem, cordon permettant à l'ancêtre de se trouver repris dans un cycle de vie.» (D. Geahchan, *Temps et désir du psychanalyste*).

N'est-ce pas dans cette articulation entre le meurtre du père et sa réintroduction dans la vie familiale, que la création trouve sa place ? Les morts, en effet, ne peuvent s'inscrire dans cet échange constant entre passé et avenir, que si les vivants les convoquent en tant qu'ancêtres.

L'œuvre signée du nom patronymique permet alors de signifier tout à la fois la rupture et le lien. « Aucune permanence ne va de soi, il n'y a pas d'ancêtre, pas de loi immuable, sans la décision, émanant des seuls vivants, de se présenter eux-mêmes comme continuateurs d'un passé. » (D. Geahchan, *Temps et désir du psychanalyste*)

Les enfants pouvaient ainsi s'associer aux plaisirs de Prétextat, ce pseudo grand-père. Quant à leur père, il ne manquait pas de participer aux jeux de ses enfants, surtout lorsque ceux-ci s'ingéniaient à fabriquer certains objets surréalistes, tel ce petit échafaud au pied duquel saignaient deux têtes tranchées, obtenues en malaxant longuement de la mie de pain peinte et vernie à la colle. « Le Père, le Chef, le Muguet, tous s'y mettaient. C'était à celui qui montrerait le plus d'ingéniosité. Je n'hésitais pas à couper des mèches de mes cheveux pour les coller sur les petits crânes. Les hommes ne disposaient que des écheveaux de soie volés dans la boite à ouvrage des tantes. Par contre, ils appliquaient leurs propres découvertes : arracher les poils du balai, en cachette, pour

La créativité thérapeutique des familles d'artistes

les piquer dans les joues vertes de leurs décapités. » (G. Prassinos, *Le temps n'est rien*).

Si des enfants sentent à ce point que ce qu'ils imaginent et réalisent intéresse les adultes, il est vraisemblable qu'ils garderont toujours cette foi en leurs œuvres. En effet, ce premier public que sont les parents, loin de les décourager, les a, comme c'est le cas ici, suscités dans leur pouvoir de création.

Ce goût du bricolage a, semble-t-il, toujours été très vivace chez les Prassinos, et cela se faisait toujours en collaboration. Ainsi, lorsqu'enfants, Mario et Gisèle jouaient ensemble aux indiens, le frère fabriquait des poignards et des épées en bois, et tous deux les incrustaient de perles qui servaient à enfiler des colliers pour les poupées de Gisèle. Cette enfance est, comme nous le voyons, marquée par une constante invention à partir de tout ! C'est ainsi que les chats de la maison devenaient de véritables personnages : avec un humour à toute épreuve, Mario et Gisèle faisaient parler, agir et même penser leurs chats... Si, en se bagarrant, un chat avait perdu une oreille, la solution immédiate était d'aller mettre une pièce dans les machines à sous des stations de métro, pour récupérer une oreille de rechange !

Toutefois, cette fantaisie, cette complicité dans le rire trouvent leur paroxysme dans un petit personnage à tête de poupée, prénommé Claude, et qui sortait tout droit de l'imagination délirante des deux comparses : « Ce personnage avait un parler tout-à-fait spécial, idiot de préférence, gourmand, menteur, patriote, conformiste ; on affublait ce pauvre Claude de tout ce que nous n'aimions pas, et on inventait des chansons toujours sur le même air, que l'on chantait aux anniversaires. Lorsque mon père qui était un monsieur très sérieux, nous entendait raconter l'histoire de Claude, il riait aux larmes ! Nous avions notre façon de « parler Claude », et personne d'autre ne pouvait apprendre. »

Ce monde clos de l'enfance où nul ne pouvait s'introduire, est à l'image de certaines peintures ou de textes hermétiques créés par l'un ou l'autre, et qui nécessitent une clé secrète pour pouvoir y pénétrer... Toutefois, cette liberté à transposer, à bricoler, ne s'arrêtait pas aux objets, mais pouvait s'exercer à loisir sur les membres mêmes de l'entourage familial. Ainsi, Prétextat fut certainement celui qui donna prise aux sarcasmes les plus divers, et dans le livre qu'il a écrit sur « Les prétextats », Mario Prassinos rend compte de ce que ce personnage a pu représenter pour lui, et nous fait ainsi participer aux métamorphoses successives des portraits qu'il a peints pour faire revivre ce grand-père : « Le premier Prétextat a été un mélange de farce et de malaise et comme la poupée Claude autrefois, un lieu où j'entassais mes détritus, une bienfaisante poubelle... Ce que j'avais conservé de Prétextat, c'était ses ridicules... Ces milliers de points composaient une trame optique en constante métamorphose. Quelques points de plus, et il était différent. »

« Ce bloc d'impotence, ce végétal radoteur... inspira à ses petits-enfants la même tendresse que les personnages imaginaires issus de la combinaison de leur environnement et de leurs rêveries. Il en avait l'immobilité. L'aspect que le temps lui avait donné faisait de lui un personnage pour leur mythologie, compagnon des chats-pansements et des poupées décapitées. Le vieil homme cloué dans l'appartement voisin s'enflait du récit des aventures qu'on lui attribuait, changeait d'âge et de nom... » (Mario Prassinos, *La colline tatouée*).

Il serait trop long de faire place aux multiples exemples grâce auxquels nous saisissons cet imaginaire au galop ; jeux de mots, néologismes introduits par le père, mises en scènes de toutes sortes, tout un trésor de tendresse et de fantaisie, dont se souviennent facilement Mario et Gisèle.

Pour terminer ce rappel riche d'évocations pittoresques, laissons la parole à Gisèle Prassinos, qui nous livre le mythe auquel son père tenait : « L'enfant est souverain, c'est le Père qui leur a enseigné... Il faut que l'enfant soit heureux, à n'importe quel prix. Toute souffrance doit lui être épargnée, tous bonheurs lui sont dus. Et que la Beauté rayonne autour de lui. » (*Le temps n'est rien*).

L'enfant, maître mot de cette histoire familiale. C'est la naïveté de l'enfant, sa capacité à se laisser charmer, surprendre, que nous retrouvons dans les images de feutre, les objets et les textes que réalise Gisèle. N'est-ce pas aussi son enfance que prolonge Mario par son œuvre ?

« Toute ma vie je me suis émerveillé de pouvoir continuer, en dessinant, en peignant ou en gravant, les jeux stériles et les entreprises gratuites de l'enfance... Pouvoir à mon gré, à ma fantaisie, fabriquer des images comme je jouais, enfant, à façonner des rêves, reste pour moi un étonnement quotidien, presque une cause de malaise, comme si ce privilège était illicite. » (Mario Prassinos, *La colline tatouée*).

Mario Prassinos nous parle de sa peinture comme d'une continuation des plaisirs de l'enfance, un prolongement inespéré pour des adultes, de ces entreprises gratuites dans lesquelles les enfants se lancent à corps perdu... Sa sœur, Gisèle, en s'amusant à réaliser des images de feutre et des objets plus drôles les uns que les autres, en écrivant contes et nouvelles, s'adonne elle aussi à ces plaisirs souvent décriés par les adultes soucieux d'efficacité et conscients du « sérieux » de la vie. Nous observons cette mentalité insouciante et heureuse de vivre chez les frères Bonnec, et chez tous ces créateurs capables de retrouver la capacité d'émerveillement de l'enfant.

Etre capable d'une **régression rapide**, semble être selon Didier Anzieu, la condition même du « saisissement créateur » ; cette première phase du travail créateur permet des rapprochements inattendus, ainsi que des représentations archaïques de processus primaires; ces représentations s'expriment alors sous la forme de rythmes, d'images, de couleurs etc. Cette aptitude à la régression suppose que le créateur puisse larguer les amarres du système préconscient pour se laisser aller à une certaine dérive. Nous le voyons, cette disposition d'esprit se conjugue avec l'apprivoisement de tout ce qui renvoie à l'inquiétante étrangeté, à l'inconnu, à la déraison. Nous comprenons bien de ce fait, comment la résistance au changement ou la crainte de perdre ses limites sont des modalités défensives mettant en échec cette phase si importante de la mise en création.

Si la régression nous semble être un processus créateur, c'est essentiellement dû au fait qu'elle met entre parenthèses tout jugement critique. Cette phase d'associations libres laisse libre cours à la créativité latente, et les entreprises qui pratiquent le « brain-storming » le font dans un souci de création renouvelée.

Lors d'une discussion avec Gisèle Prassinos, j'ai pu me rendre compte de la facilité avec laquelle elle pouvait se permettre de régresser à des stades infantiles où le jugement critique ne retient pas le discours.

N'est-ce-pas le flux verbal de l'enfant que nous retrouvons dans l'écriture automatique de cet écrivain surréaliste ? Les poèmes ou les textes en prose de Gisèle Prassinos ont l'accent de certains contes de fées, traduisant cette plongée dans le merveilleux et le rêve. Il en est de même lorsque cette artiste ose employer toute sa naïveté pour dessiner ses tentures de feutre ou illustrer le livre *Brelin le frou*. Dans toute son œuvre, et quel que soit le matériau utilisé, Gisèle Prassinos ne craint pas de jouer avec les espiègleries de l'enfant : zizis rayés ou en forme de cœurs, portraits de famille dignes d'un « grand » de maternelle, et tant d'autres signes qui font le charme de toutes ces créations !

Cette notion de charme, en jeu dans la plupart des créations, est à la frontière de l'individuel et du collectif. En effet, pour que le charme ressenti par le créateur, et qui s'exprime dans l'objet créé, soit partagé par le public, il faut une participation profonde de ce dernier. La capacité de régression n'est donc pas seulement un processus qui préside à la création initiale de l'œuvre, mais elle est également essentielle au lecteur, au spectateur ou à l'auditeur. Se laisser gagner par l'émotion qui se dégage d'une musique suppose une certaine disponibilité affective et intellectuelle que l'esprit critique entrave souvent.

À l'instar des Prassinos, certaines familles savent favoriser cette coparticipation, dans la mesure où les membres acceptent de se laisser prendre par ce qui s'échange entre les uns et les autres. Personne ne songera alors à reprocher le discours futile ou les erreurs de raisonnement de tel ou tel. Bien plus, le groupe familial va pouvoir mettre à profit cette aptitude à la régression, en valorisant ce qui pourrait donner lieu à des sarcasmes.

Comme des enfants curieux de tout, Mario et Gisèle Prassinos savent se passionner pour beaucoup de choses, et susciter en retour notre propre curiosité, nos interrogations, notre étonnement et certaines passions. Ce qu'ils nous transmettent ne peut laisser indifférent, et chacun est amené à se situer, à prendre position par rapport à cet art qui dérange.

(Peinture du supplice, chapelle Notre Dame De Pitié, St Rémy)

J'ai pu rencontrer Mario Prassinos quelques mois avant sa mort, en 1985. Je fus frappée de voir combien la peinture des grands arbres sépia l'aidait dans sa lutte contre le cancer qui le rongeait.

Arbres décharnés, corps en crucifixion, souffrance exposée sur ses toiles, dernière grande œuvre destinée à ce lieu dont le peintre rêvait depuis longtemps : une chapelle qui puisse accueillir une suite de peintures spécialement faites pour elle en accord avec son espace et sa lumière.

C'est désormais à Saint Remy de Provence, à la Chapelle Notre Dame de la Pitié, que nous pouvons admirer *Les peintures du supplice* de Mario Prassinos.

L'œuvre de Mario Prassinos se situe tellement en dehors des idées reçues, que peu de critiques ont encore risqué un dialogue en profondeur avec cette peinture où la jouissance esthétique nous

La créativité thérapeutique des familles d'artistes

aspire vers ces régions invisibles du monde et de nous-mêmes : texture d'un visage, entrailles d'une terre provençale, suspension au-dessus du vide. Une œuvre aride, qui suggère d'autant mieux la fécondité de cet homme de génie qui a su s'exprimer aussi bien dans la peinture, le dessin, la sculpture que la littérature.

Rares, sont les créateurs qui se réalisent avec bonheur dans plusieurs disciplines. Mario et Gisèle Prassinos sont de ceux-là, puisque tous deux donnent le meilleur d'eux-mêmes en faisant évoluer leur art dans plusieurs registres.

La famille Prassinos continue de s'engager dans cette œuvre de création, grâce à la fille de Mario Prassinos. Catherine Prassinos, a pour pseudonyme de peintre l'anagramme du prénom de son grand-père paternel, Andrelis. Elle poursuit ainsi la route de cette famille qui rend à travers l'art et l'écriture un hommage à la vie.

(Mario Prassinos à St Rémy de Provence)

Denise Morel-Ferla

III
THÉRAPIE FAMILIALE ET CRÉATION

Les analyses des familles d'artistes permettent d'élargir notre réflexion à toutes les autres familles. Celles qui présentent un ou plusieurs « porteurs de symptôme » semblent mettre en avant la souffrance qui affecte le groupe familial tout entier. Cela est souvent exprimé en termes de tourment ressenti par le « patient désigné », mais aussi en termes d'impuissance par les autres membres.

Le groupe familial voudrait bien pouvoir soulager le « malade », faire quelque chose pour qu'il s'en sorte. Tout le monde s'accorde à vouloir faire disparaître ce symptôme gênant pour le sujet concerné, mais aussi, pour toute la famille. Mais nous le savons, ce désir conscient en cache souvent un autre, plus inconscient, et il n'est pas si simple de modifier ainsi un équilibre familial. Par ailleurs, nous verrons que cela pose avec acuité la question du changement en thérapie familiale.

Les rôles et missions attribués aux uns et aux autres ont chacun des fonctions essentielles. Il peut être difficile d'admettre que le patient désigné, en focalisant sur lui le potentiel pathogène du groupe, permet aux autres d'aller relativement bien et de se trouver mis à l'abri des symptômes les plus graves. Il reste que c'est un fait d'observation courante repéré par tous les cliniciens, et nous savons que c'est souvent au prix du sacrifice d'un de ses membres, que la famille poursuit ses objectifs et ses idéaux et réalise les missions et les mythes qui sont les siens.

Modifier la distribution des rôles va-t-il avoir pour effet de rendre malades les bien-portants, pour sauver celui qui était désigné comme le malade ? En ce sens, le groupe n'avait-il pas inconsciemment choisi la solution la plus économique, en privilégiant la loi du nombre ? Que peut apporter à une famille, le fait d'envisager les rôles et les missions sous un angle différent ?

Dans les deux cas cliniques que je présenterai pour illustrer cette interrogation, nous verrons comment peut s'analyser ce rapport de forces à l'intérieur du groupe familial. Nous identifierons également les principaux processus engagés lors d'une thérapie familiale, afin de faire pivoter le groupe autour de l'axe symptômes / talents.

3.1. Un prénom en cascade

La famille Camilleri

Cette famille, dont les parents sont originaires de Malte, vit en France depuis dix-huit ans. L'aîné, Antonio, inquiète ses parents par son échec scolaire et son comportement renfermé. Après avoir redoublé une classe de seconde, il double une première et ne semble pas se soucier de son avenir, du moins aux dires de ses parents.

Lors du premier entretien, Antonio se présente avec une expression figée, se montre mal dans sa peau et peu loquace. Le consultant pense à des troubles psychotiques et conseille d'engager une thérapie familiale.

Dès la première séance, les quatre membres de la famille sont présents. Nous percevons l'importance que revêt l'origine maltaise de la famille. Antonio notamment, ne rate pas une occasion pour introduire dans le discours ses grands-parents ou ses cousins restés à Malte. Bien qu'Antonio soit né en France, il se sent « étranger dans ce pays où les relations ne sont pas aussi spontanées et chaleureuses que là-bas », et il vit dans l'espoir d'y retourner définitivement.

Nous apprenons alors, que l'immigration est imputable au père, directeur commercial d'une entreprise internationale, et pour lequel, le fait de venir en France représentait sans conteste une promotion professionnelle. Monsieur Camilleri s'exprime de façon rationnelle et moralisante :

- Moi je dis que c'est partout pareil, il faut faire de son mieux, travailler, donner le maximum de soi et ne pas se poser trente-six questions comme lui (Antonio). Dans la vie, c'est là où on est qui compte. »

À chaque intervention du père, nous retrouvons ce côté très réaliste qui vise à démontrer que lui, il sait s'y prendre dans la vie, alors que son fils « rêve et se perd dans ses rêveries en coupant les cheveux en quatre. » D'emblée, la relation père fils aîné se définit donc sous forme de disqualification mutuelle. Antonio reproche à son père de se limiter à ce qu'il voit, de regarder la vie avec des œillères et de ne rien comprendre à ce que lui, Antonio, cherche à dire !

Madame Camilleri soutient apparemment son fils contre son mari, mais tient en fait un discours paradoxal où elle disqualifie la façon de parler de son fils, tout en disant qu'elle le comprend de l'intérieur.

- Ils ne se comprennent pas, c'est toujours comme ça. Antonio peut ergoter pendant des heures, même sur un mot qui ne serait pas le mot juste, et ça finit toujours par un gueulante de mon mari et le repliement d'Antonio qui ne veut jamais céder. Avec moi, ce n'est pas pareil, on se comprend de l'intérieur et je n'ai pas besoin que mon fils parle pour le comprendre. Je devine tout ce qu'il ressent...

Le second fils, deux ans plus jeune, se démarque très nettement de son frère. Alors qu'Antonio incarne l'aspect rêveur, sensible, poète et étonnamment complexe de l'être humain, Marc se montre sûr de lui, réaliste, pragmatique et affirme son indépendance avec force. Pourquoi dans cette famille, les rôles sont-ils distribués de façon aussi rigide et antinomique ? N'est-ce pas l'absence de complicité entre les parents qui se répercute sur cette relation fraternelle dépourvue de solidarité chaleureuse ?

Une histoire de prénoms

Arrêtons-nous sur l'attribution des prénoms, et surtout sur le prénom du « porteur de symptôme ». Nous repérons qu'avant la naissance d'Antonio, trois personnes de la famille ont déjà porté le même prénom, et cela, tant dans la branche paternelle que maternelle !

Au cours de la thérapie familiale, nous avons pu décrypter le poids d'attentes et de projections qui s'attachent à ce prénom, et donc au patient désigné. La simple lecture du génogramme indique assez bien les questions brûlantes qui se pose autour de la vie et de la mort de tous ces « Antonio ».

C'est dans le cadre de la thérapie familiale que Marc et Antonio ont appris que le premier mari de leur grand-mère paternelle était décédé de maladie, après six mois de mariage, et que leur grand-père était en fait le frère de ce premier mari.

Bien qu'il ne s'agisse pas d'un secret à proprement parler, il nous a cependant semblé étonnant que ce fait peu banal ait été passé sous silence aussi longtemps ! Non seulement certains fantasmes purent émerger et circuler à l'intérieur de la famille, mais surtout cet « absent » sortit de l'ombre, et permit de mieux comprendre pourquoi le nouveau couple de grands-parents avait prénommé leur premier enfant « Antonio », lui attribuant ainsi le prénom de son père potentiel.

Nous entendons alors tout autrement l'agacement que ressentait le père d'Antonio (celui de la troisième génération), face aux multiples questions que se posait son fils sur les moindres choses.

En revanche, le père de Madame Camilleri avait toujours été présent dans le discours de la mère, et elle tenait à affirmer qu'elle avait voulu appeler son fils du prénom de son père à elle, et sans penser le moins du monde à ceux de la lignée de son mari. Nous lui accordons volontiers cela, mais chez Mr Camilleri, ce prénom a certainement eu d'autres résonances, tout comme chez le fils curieux de tout, et sensible à tous les non-dits !

Mais en dehors de ces considérations sur la pathogénie de certains aspects de l'histoire familiale des Camilleri, cherchons ce qui a pu empêcher les uns et les autres d'être de véritables créateurs, alors même que tous les quatre laissaient entrevoir leur potentiel créatif. Ainsi par exemple, l'hypersensibilité d'Antonio, sa capacité à se laisser aller à la rêverie, loin d'être reconnues dans leur puissance créatrice, se voient taxées de « bizarreries de comportement » que l'entourage a du mal à tolérer. Certes, ce jeune homme souffre de troubles d'ordre psychotique, mais l'image que sa famille lui renvoie de lui-même ne contribue qu'à renforcer ses défenses contre un état de non-intégration primaire qu'il a appris à ressentir comme dangereux. Quand Freud disait que le psychotique en sait plus long que chacun de nous sur la réalité intérieure, parce qu'il s'est détourné du monde extérieur, il laissait entendre que l'hyper-adaptation au réel s'effectuait souvent au détriment d'une richesse intérieure.

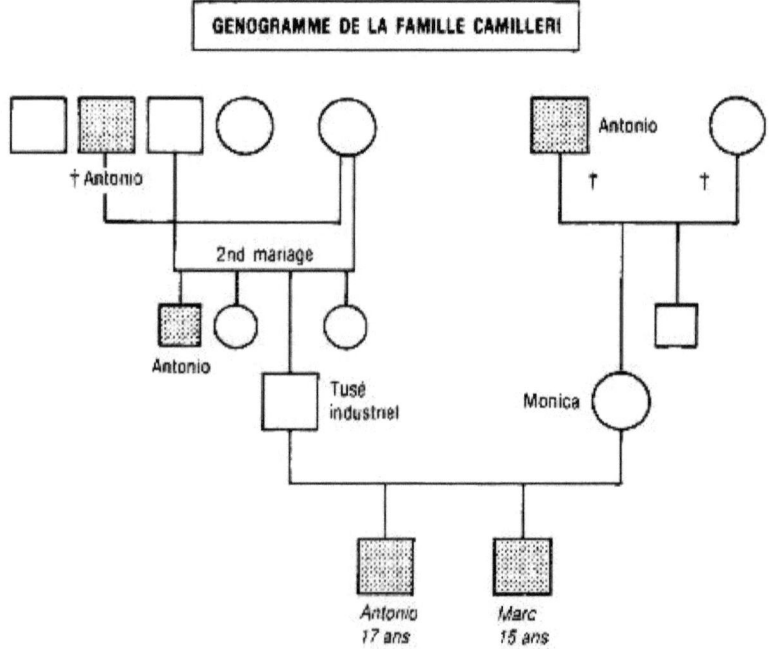

Il nous a semblé que chez les Camilleri, Marc présentait un grand appauvrissement de vie intérieure, dans la mesure où il se trouvait tellement ancré dans la réalité extérieure, qu'il ne pouvait plus accéder ni à ses sentiments, ni à ceux d'autrui. Tout projet exprimé par Antonio se voyait donc anéanti avant même qu'il ait eu suffisamment de temps pour le mûrir !

« C'est tout vu ! » Telle était l'expression souvent utilisée par les uns et les autres, pour mettre fin au discours estimé « fumeux » d'Antonio. Nous savons tous, par expérience, qu'il n'y a rien de tel pour bloquer l'expression et faire retomber ce qui se dit dans une sorte de néant. Non seulement, chacun était persuadé de l'insanité des propos d'Antonio, mais tous avaient tellement peur de perdre le contrôle du réel, qu'ils refusaient d'accompagner Antonio dans son cheminement, quitte à lui reprocher de ne pas se préoccuper de son avenir...

Ainsi, après avoir finalement réussi à passer son baccalauréat, Antonio annonce fièrement à ses parents le projet qui lui tient à cœur : partir au désert pour s'unifier, s'affronter au réel, se débrouiller seul, tout en ayant la possibilité de vivre une communion mystique avec l'univers. Les parents s'angoissent, essaient par tous les moyens de dissuader leur fils de s'engager dans cette « aventure insensée », tentent de mettre des délais en lui demandant d'abord de passer une licence, autant de stratégies qui révèlent leur difficulté à lui faire confiance, et peut-être, à se séparer de lui.

Croire en son projet comme lui-même y croit est de l'ordre de l'impensable ! C'est pourtant le parti que nous, thérapeutes, avons pris, tant il nous semblait important d'ouvrir largement l'espace des possibles. Certes, il s'agit d'un espace d'illusion, un rêve fonctionnant à la fois comme espace transitionnel, et comme une nécessité d'indépendance. Enfermé dans sa solitude, Antonio n'arrivait pas à maintenir cet espace ouvert.

Pourtant Antonio n'est pas le seul à se mettre en quête d'absolu. Nous avons pu entendre l'écho de ses paroles dans les propos que tient Madame Camilleri.

- L'unique liberté pour moi, c'est ma pensée, mes rêves. J'avais pensé qu'en me mariant, je serais libre, mais le mariage m'a tout enlevé. C'est la guillotine, un étouffoir, alors... C'est à partir du jour où ma mère est morte que j'ai commencé à comprendre la vie et à savoir que la liberté n'existait pas.

Chacun reste coi, après les propos inattendus de la mère. Chacun a pourtant ressenti une déception analogue.

Le père espérait trouver une femme-servante, aux petits soins pour lui lorsqu'il rentrerait du travail, et sa femme ne se prête pas à cela. Il comptait compenser l'absence de relations affectueuses avec son père, en établissant des relations proches, amicales et complices avec ses fils, mais là encore le rendez-vous est manqué !

En revanche, Antonio exprime sa tendresse envers les enfants de son quartier, ce que ses parents lui reprochent vertement. En dénigrant aussitôt les fréquentations de son fils, le père renforce les rôles rigides de chacun et le manque de solidarité des membres entre eux.

- Tu choisis comme amis des enfants de huit ou dix ans, parce qu'avec eux tu ne crains pas la compétition, tu sais forcément plus de choses qu'eux et ça te flatte, alors que tu ferais mieux de travailler ou d'avoir des amis de ton âge. Tous les enfants du quartier l'adorent, mais ce n'est pas cela qui va l'aider à résoudre ses problèmes...

Crypte, fantôme et transmission transgénérationnelle

Nous devons à Maria Torok et à Nicolas Abraham les concepts de *crypte* et de *fantôme*. Leurs travaux mettent en évidence comment un événement non élaboré, tel un non-dit, devient un événement innommable, pouvant se transmettre à travers les générations, et devenant un « événement impensable » à la génération suivante. À leur insu, les membres deviennent dépositaires, à leur insu, de ce secret.

Le fait que de tels événements n'aient pu être élaborés par ceux qui les ont vécus, conduit à transmettre aux générations suivantes des éléments devenus secrets ou tabous, car non transformés. René Kaes parle alors de « transmissions négatives » ou « transgénérationnelles ». Cet objet transgénérationnel est défini par Alberto Eiguer, comme « un ancêtre suscitant des fantasmes et des identifications chez un ou plusieurs membres de la famille. » C'est alors que se crée une *crypte* au sein du Moi, chez le parent concerné. Mais dans l'inconscient de l'enfant qui se trouve au contact de ce parent, un *fantôme* est à l'œuvre, qui revient le hanter, et qui témoigne de l'existence d'un mort enterré dans l'autre.

Aussi, c'est en permettant aux différents membres de la famille de s'exprimer jusqu'au bout, de nous faire partager leurs espoirs, leurs rêves, leurs convictions et leurs doutes, que cette communication bloquée s'est progressivement ouverte. Ainsi, nous avons appris tout ce qui animait les uns et les autres, et qui dans certains cas était l'objet d'une véritable passion, qu'il s'agisse de lecture, d'aviation, de religion, d'informatique ou de pédagogie. Toutefois, faute de trouver dans le cadre familial une résonance suffisante, tous ces centres d'intérêt devenaient caduques ou objet de sarcasmes. Face à des « mises-en-boîtes » aussi implacables, qui résisterait sans y laisser des plumes ?

Le cadre de la thérapie familiale a sans doute d'abord servi de contenant fiable, comme une invitation à se sentir en confiance, à se laisser aller à ses pensées, à ses émotions, à oser se contredire soi-même, à prendre le risque de ne plus savoir où on est. C'est grâce à ce cadre, à cet espace transitionnel qu'a pu s'établir à la fois une confortation narcissique et une remise en cause des uns et des autres. Antonio n'était plus si fou, et ses projets pouvaient prendre corps, pouvaient être reçus comme porteurs de promesses, comme germes de réalisation authentique. Quand les thérapeutes cherchaient à entendre le sens de ce qui s'exprimait sous une forme parfois délirante, avec des dérapages dans l'abstraction ou dans le raisonnement, quelque chose d'inhabituel se mettait alors à vivre au sein de ce groupe familial. En traduisant au groupe ce que voulait dire Antonio, non seulement nous rendions représentables pour tout le monde les sensations, les images, les affects d'Antonio, mais ce faisant, c'est au patient lui-même que nous les restituions.

Cette fonction de « conteneur », exercée par les thérapeutes, a favorisé l'instauration du « holding » qui avait toujours fait défaut chez les Camilleri. La mère qui disait comprendre son fils de l'intérieur, fusionnait tellement avec lui, qu'elle ne prenait pas la peine de le séparer d'elle en mettant en pensées et en mots ce vécu à l'état brut. Non seulement elle ne le faisait pas assez pour elle-même et Antonio, mais elle ne le faisait pas non plus pour les autres membres de la famille.

Par ailleurs, en travaillant la relation transférentielle établie entre la famille Camilleri et l'équipe de co-thérapeutes, nous avons contribué à dégager la famille des deux lignées immolées :

paternelle et maternelle. En évoquant Malte et le berceau de la famille, en faisant circuler les fantasmes s'y rapportant, en restant attentifs aussi bien aux anecdotes de l'histoire familiale, qu'aux événements douloureux vécus par les différentes générations, un tissu humain, à la fois réel et imaginaire s'est tissé entre nous.

Tel ce « pack » (enveloppement humide et chaud) que l'on utilisait parfois pour que certains malades psychiatriques retrouvent leurs sensations et régressent grâce aux soins maternants de l'équipe, ce « tissu de mots » a permis aux uns et aux autres de se sentir plus réels et donc plus vivants.

3.2. Des fantômes omniprésents

La famille Kofskin

Cette autre présentation clinique nous parle encore d'une famille d'immigrés, un peu comme si le déracinement, volontaire ou pas, avait une influence décisive, tant sur la mise en œuvre des talents que sur l'expression de symptômes. L'exil est important chez les familles de créateurs, que cet « exil » prenne une forme géographique ou simplement symbolique.

La famille Kofskin se compose de trois enfants, tous nés en France, ainsi que leurs parents, alors que les grands-parents paternels et maternels sont originaires d'Italie et de Russie.

Cette famille illustre assez bien la façon dont un groupe peut donner l'illusion que règne en son sein un climat détendu, fruit de relations ouvertes et d'une communication facile entre les membres, alors que... plus profondément se cachent certains conflits majeurs ! Ainsi, les deux aînés des enfants Kofskin connurent une enfance marquée par des symptômes non négligeables, tandis que Benoit, le dernier souffre d'un eczéma très gênant.

Marguerite qui a trois ans de plus que son frère cadet, a toujours souffert d'un manque de confiance en soi qui avait pour conséquences de l'empêcher de mener à terme ses réalisations. Tout ce qu'elle entreprenait avortait donc plus ou moins rapidement, ce qui permettait à sa mère de mettre en avant ce qu'elle appelait « un manque de persévérance » ! Par ailleurs, Marguerite avait tendance à traduire sous forme de troubles somatiques tout ce qui la gênait dans ses relations aux autres. Violentes crises d'asthme et troubles digestifs signifiaient physiologiquement ce qu'elle ne pouvait mettre en mots. Face à une mère que le métier de kinésithérapeute mettait en contact direct avec les corps, cette fille donnait un corps à soigner, retrouvant pour dire sa souffrance un langage que la mère était sensée comprendre.

Serge eut un cursus scolaire assez difficile, car marqué de nombreux renvois dus à son caractère fougueux et révolté. Adolescent, Serge ne manquait pas d'idées et préférait assister aux transactions des salles de vente, plutôt que de suivre des cours où il s'ennuyait ! Il pouvait dévorer des bouquins entiers, car la lecture était vraiment une de ses passions, mais cela se faisait dans le désordre, c'est-à-dire en ne tenant aucun compte des suggestions des enseignants, ce qui ne manquait pas de lui attirer les foudres de sa mère... Lui aussi était considéré par ses parents comme celui qui n'arriverait à rien et qui mettait en échec leur projet éducatif.

Benoit avait trouvé comment bénéficier d'une présence maternelle privilégiée. Il devait, pour soigner sa dermatose, se rendre à des lieux de cure où sa maman l'accompagnait toujours ! Cela faisait donc partie des bénéfices secondaires de la maladie, ce qui n'empêchait pas ce garçon d'être accablé de honte lorsqu'il sentait s'attarder sur lui le regard des gens dans la rue.

Il fallut attendre longtemps, pour que ces divers symptômes cèdent la place à un mode d'existence plus heureux, permettant à chacun des enfants de réaliser ce qui lui tenait à cœur et qui, comme nous le verrons, s'inscrit dans le domaine de la création.

Une certaine symétrie apparaît à la génération des grands-parents, qu'il s'agisse de l'origine géographique, du choix professionnel, des dates de décès ou des remariages. En effet, aussi bien dans la branche paternelle que maternelle, nous avons affaire à des émigrants dont la première femme est décédée autour de la trentaine. Deux jeunes veufs qui ont chacun formé un ou même deux nouveaux foyers, avec tout ce que cela peut entraîner pour les enfants, et en l'occurrence, pour Pierre et Jeanne.

Quant au choix professionnel, nous savons que les deux grands-pères avaient tous deux un commerce, mais si cela n'avait posé aucun problème pour le grand-père paternel, il n'en fut pas de même pour Giovanni, le père de Jeanne. Car cet homme possédait, de l'avis de tous, et notamment de personnes éminentes en la matière, une des voix les plus extraordinaires de ce siècle ! Il fut cependant amené à refuser toutes les propositions qui lui furent adressées, pour respecter la promesse faite à sa mère, sur son lit de mort.

Cette arrière-grand-mère estimait déshonorant que son fils pût vivre une carrière d'artiste lyrique. Cela ne l'empêcha pas de connaître tout le répertoire de bel canto et de s'accompagner lui-même au piano, sans avoir jamais pris de leçons de solfège, de chant ou d'instrument. Une passion et des talents qui ne lui permirent pas de connaître le succès sur les planches, mais dont les enfants et petits-enfants connaissaient les avatars et ne manquaient pas d'évoquer certains souvenirs prégnants.

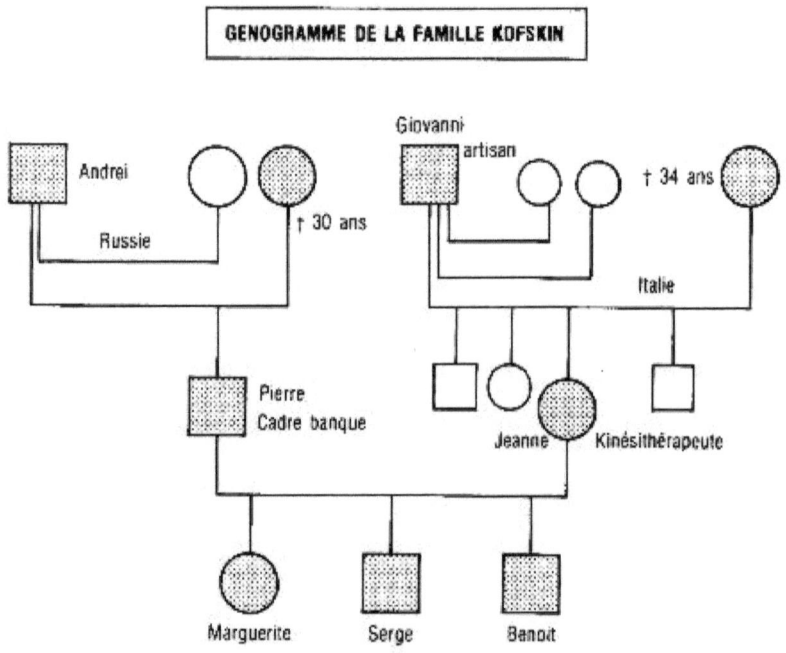

De la sorte, ce grand-père à la vocation artistique contrariée, devint pour ses petits-enfants encore plus auréolé de prestige ! Imaginons Giovanni couvrant de sa voix puissante le vacarme d'un torrent de montagne et chantant un air de Wagner, ou faisant trembler les vitres de sa maison. Comment ne pas être fasciné par ce grand-père qui pouvait capter pendant des soirées entières l'attention d'un public d'amis, ou par ce grand voyageur qui n'hésitait pas à courir les capitales d'Europe pour entendre ses opéras favoris ?

Giovanni se fit un nom dans le textile où il put exercer sa sensibilité et son goût artistique, ce qui lui valut de travailler avec les plus grands couturiers parisiens. Toutefois, le décès précoce de sa femme fut pour lui non seulement un drame, mais provoqua une rupture d'équilibre. Celle-ci en effet, atténuait par sa présence le caractère fougueux et prodigue de son mari. Veuf une seconde fois, il épousa en troisièmes noces une femme aussi passionnée que lui, et tous deux s'adonnèrent au jeu au point de s'en trouver complètement ruinés !

Si le tempérament enjoué et fougueux de ce grand-père enchantait ses petits-enfants, il en était tout autrement pour ses propres enfants, et notamment Jeanne. Depuis la mort de sa mère, le comportement inconséquent de son père était devenu source d'angoisse et d'insécurité, si bien que non seulement elle n'encouragea pas ses enfants à suivre une voie peu ou prou artistique, mais elle ne pouvait supporter de reconnaître en eux des traits rappelant son propre père.

Du côté paternel, Pierre est un fils unique dont le père était un homme austère et silencieux, qui avait le sens du devoir et respectait les valeurs établies. Moins brillant que le grand-père maternel, Andrei laissait cependant planer un souffle de mystère sur ses espaces lointains chargés d'exotisme. Sa vie en Russie était toujours évoquée avec nostalgie, comme le berceau d'une richesse insoupçonnée. De fait, il connut une vie d'émigrant assez modeste, et avait à cœur de favoriser au maximum la réussite professionnelle de son seul fils.

Pierre Kofskin semble avoir répondu à l'attente de son père, puisqu'il occupe une position socio-professionnelle très honorable. Mais comment ne pas être marqué par le décès de sa mère, alors que l'on a tout juste neuf ans ? Comme son père, lui aussi adopta une position de repli qui contribua à le tenir à l'abri d'émotions trop fortes.

Ses trois enfants connurent donc un homme extrêmement pudique, silencieux, consciencieux et laissant volontiers à sa femme le soin de leur éducation. Cherchait-il à compenser par là l'absence de sa propre mère dans sa vie d'enfant ? En tout état de cause, il se situait en retrait par rapport aux décisions de son épouse, et celle-ci en arriva à considérer qu'elle n'avait pas trois, mais quatre enfants ! En aucun cas, ce père ne se serait donné le droit de se montrer en désaccord avec Jeanne, et si cette coalition conjugale présentait aux enfants un front uni, il reste que Marguerite, Serge et Benoit n'ont pas trouvé auprès de leur père ce tiers susceptible de rendre l'emprise de leur mère moins étouffante.

Nous avons déjà parlé de l'enfance dans laquelle vécut cette mère, mais il faudrait ajouter que malgré son attitude défensive à l'égard des arts et des lettres, Madame Kofskin se montre capable de parler avec enthousiasme d'œuvres littéraires, musicales ou picturales, laissant entrevoir avec quel plaisir elle peut s'y plonger ! Marguerite affirme même que non seulement sa mère peut faire preuve d'une culture musicale très sûre, mais qu'en entendant quelques mesures d'un air d'opéra diffusé sur les ondes, celle-ci peut chanter avec le ténor, ne se privant pas de critiquer les aigus pris en demi-teinte, la couleur de la voix ou le manque de coffre d'un ténor pourtant renommé !

Ne sommes-nous pas là devant un paradoxe difficile à résoudre ? Une mère qui vibre à tout ce qui est artistique, mais qui ne veut à aucun prix voir un seul de ses enfants accorder à l'art une place centrale dans sa vie. Pour corser davantage ce tableau familial, ajoutons que ce n'est qu'une fois bien engagés dans la vie adulte, que l'aîné des enfants reçut de son père la confidence qu'il aurait volontiers tout sacrifié au piano, afin de devenir concertiste, mais qu'il avait bien senti l'insécurité que cela représentait pour son père !

Ainsi, Jeanne avait-elle épousé un homme qui, comme son père à elle, s'était soumis au désir parental en renonçant à faire carrière dans la musique.

Tout cela contribua à l'instauration d'une atmosphère familiale peu évidente à définir en quelques mots. L'école, le travail, la réussite scolaire et professionnelle étaient certes mis en avant des préoccupations et discussions familiales, avec comme l'on peut s'en douter, des remarques critiques voulant stimuler les enfants, et qui traduisaient toutes l'insatisfaction et la déception des parents.

Par ailleurs, les Kosfkin menaient une vie ouverte sur l'extérieur, invitant facilement des amis et se montrant alors brillants dans toutes sortes de sujets de conversation, y compris lorsqu'il était question d'art.

Pourtant dans le cercle familial, on considérait que le fait de dessiner, de peindre ou de chanter était une perte de temps. Aussi, les enfants se trouvaient-ils soumis à un paradoxe qui, pour être subtil, n'en était pas moins difficile à résoudre. Tous les trois jubilaient littéralement, lorsque leur mère déchiffrait avec eux une partition de chant et trouvait plaisir à chanter une œuvre, mais chacun guettait avec angoisse le moment où, en bonne mère de famille, Jeanne interromprait brutalement ce moment délicieux, pour s'en aller à la cuisine préparer le repas ou s'adonner à d'autres activités ménagères. Il leur semblait alors que leur mère s'en voulait de s'être laissée aller à ce mauvais penchant, et qu'elle se devait de retrouver son rôle de maîtresse de maison, sans perdre de temps à ces choses secondaires qu'elle s'interdisait profondément.

Comment eux-mêmes pouvaient-ils se sentir autorisés à répéter longtemps une pièce musicale, alors, que leurs devoirs scolaires étaient bien plus importants aux yeux des parents ?

Un autre trait caractéristique de cette famille concerne le manque de complicité ou de solidarité des membres entre eux. En effet, même à l'intérieur de la fratrie, les enfants faisaient cavaliers seuls. Chacun se trouvait étroitement attaché à une mère toute-puissante qui régissait tout, mais sans pouvoir expérimenter les effets d'un ciment familial. En effet, le travail de liaison ne peut se mettre en place que si les parents ou tout au moins un des deux parents l'amorce et le rend vivant, ce qui ne fut jamais le cas dans cette famille.

Certes, la musique aurait pu devenir un objet commun au groupe, un objet transitionnel, mais elle représentait trop d'interdits et de menaces pour être vécue comme un « bon objet » autour duquel aurait pu pivoter une interfantasmatisation créatrice. Disons que de multiples fantasmes s'ordonnaient autour du chant, de la musique, du jeu, de l'art, mais leur portée restait limitée et paralysante, faute d'une communication suffisante entre les membres de la famille.

Le symptôme que mettait en avant Marguerite à travers ses crises d'asthme peut alors s'entendre comme le symptôme du groupe familial. Chacun sait que pour chanter, il est nécessaire de respirer large, d'inspirer et d'expirer, de ne pas fermer ces bronches faites pour s'ouvrir au passage de l'air ! Dans l'étude que François-Bernard Michel a menée sur l'asthme chez les écrivains, il s'attache à comprendre le sens de ce symptôme : l'asthme pour exister, l'asthme pour ne pas mourir. « L'asthme altère essentiellement l'expiration de l'air. Un peu comme si l'asthmatique refusait de se séparer de l'air alors qu'il étouffe. L'asthmatique allergique,

que son hypersensibilité transforme en un véritable détecteur des agressions de l'environnement, argumente ce refus. D'une certaine manière, il refuse cet environnement. » (F.B. Michel, *Le souffle coupé*).

Faute de mettre des mots sur cet indicible, Marguerite exprimait son refus par le corps, tout comme son frère Serge refusait l'environnement scolaire en se révoltant plus ou moins ouvertement. Quant à Benoit, de quoi avait-il honte, au-delà du fait de se sentir défiguré par ses crises d'eczéma ? Mais les uns et les autres ne pouvaient nommer le véritable objet de leur refus ou de leur gêne, et le déplaçaient sur l'école ou le corps propre. De fait, il s'agissait moins de rejeter les parents ou la mère, que de vomir ce qui se transmettait depuis des générations sans qu'aucune élaboration ne pût en être faite.

Ces « transmissions négatives » revêtaient donc un caractère d'autant plus pathogène, qu'elles arrivaient en ligne directe, à travers les inconscients parentaux et grand-parentaux, sans subir aucune transformation structurante pour le psychisme des uns et des autres. Ainsi, ce refus ne pouvait se dire que par la voie d'une expression symptomatique, grâce à quoi les enfants se conformaient le plus possible à ceux qu'on attendait d'eux.

Ceci se vérifie entre autres au niveau des choix professionnels : Marguerite entreprit des études de langues pour enseigner les langues étrangères, ce qui lui permit de faire un compromis astucieux entre sa passion pour la Russie, terre de ses ancêtres, et l'école, tellement sacralisée par les parents !

Serge s'orienta dans la publicité où il réussit en mettant en œuvre ses idées foisonnantes et sa force de conviction.

Benoit put enfin travailler le bois « sérieusement », en devenant ébéniste.

Toutefois, il fallut encore attendre quelques années pour voir se dessiner les véritables profils de ces trois frères et sœur. Tous trois s'ingénièrent à articuler leur métier avec un travail de création dans un registre plus artistique. L'aînée poursuivit sa formation en entrant aux Beaux-arts et en réussissant brillamment son diplôme. Il semblerait qu'elle ait, de ce fait, acquis beaucoup plus d'assurance et que les crises d'asthme aient fait place à une parole pleine.

Elle est devenue une artiste renommée.

Serge est copropriétaire d'une galerie d'art et se fie à son œil, pour acheter les toiles qu'il collectionne. Contrairement à son grand-père Giovanni, qui avait ruiné la famille par goût du jeu et des plaisirs esthétiques, Serge aime s'occuper de la promotion financière d'affaires touchant au monde artistique ! C'est ainsi qu'il est devenu le manager de sa sœur si brillante.

Quant à Benoit, lui qui avait la faculté de tirer spontanément une mélodie de n'importe quel instrument, il sut mettre à profit sa formation d'ébéniste et ses talents musicaux, en devenant facteur d'instruments de musique.

Chacun cependant a souffert, non pas tant d'avoir un grand-père aussi doué que l'était Giovanni, mais d'avoir pour grand-père un homme tellement idéalisé par leur mère ! En effet, faute d'avoir pu mettre suffisamment à distance son objet œdipien, Jeanne transmettait à ses enfants des injonctions contradictoires, témoignant par là d'une ambivalence non résolue, et qui laissait cet ancêtre idéalisé à la première place !

En happy end à ces observations cliniques, nous voyons qu'heureusement les symptômes peuvent progressivement céder le pas aux talents et à la mise en œuvre effective de celle-ci. Encore faut-il qu'un travail d'élaboration soit engagé, afin que les « fantômes » ne continuent pas à venir hanter les descendants sur plusieurs générations !

3.3. Discussion

La plupart du temps, l'enfant « porteur de symptôme » est celui dont les difficultés viennent entamer l'idéal narcissique des parents. La souffrance devient, de fait, une souffrance partagée par le groupe familial. Dans toutes les familles que nous suivons en thérapie familiale, le patient désigné révèle par ses troubles d'anciens traumatismes de l'histoire familiale. Antonio Camilleri, Marguerite et Serge Kofskin expriment, chacun à leur façon, ce qui n'avait pu être suffisamment élaboré par leurs parents.

Quand une famille trouve un consensus rigide en prenant trop le parti de la réalité au détriment du rêve, du jeu, de la fantaisie, un des membres réagit en questionnant le réel sur un mode plus ou moins délirant. Cela est, en effet, particulièrement évident pour la famille Camilleri, mais nous l'avons également observé dans d'autres groupes familiaux. Il est donc dangereux pour une famille de ne pas permettre un fonctionnement mental qui intègre des niveaux où le vrai et le faux n'existent plus, comme dans le mythe ou toute autre forme de rêverie.

C'est dans le jeu, que l'enfant reconstruit le monde ; les travaux de Winnicott ont révélé que loin d'être un simple amusement, le jeu est un facteur essentiel dans la croissance physique et affective de chacun de nous. L'aspect ludique des périodes de vacances aide chacun de nous à se libérer de certaines contraintes et de peurs souvent non exprimées. Nous savons tout l'intérêt que peut prendre le jeu dans une thérapie d'enfant; de même, en thérapie familiale, il est absolument nécessaire de mettre en place une aire transitionnelle, un espace où jouer devient apaisant et créatif. Mais de quel jeu s'agit-il ?

Certes, en thérapie familiale, il nous arrive de proposer au groupe de « jouer » en séance ce dont il vient d'être question. Ce recours au jeu de rôle permet une plus grande souplesse dans les identifications, facilite une perméabilité entre les membres, et élargit les possibilités d'expression à d'autres modalités qu'au seul niveau verbal. Pourtant, le jeu auquel je fais référence va beaucoup plus loin, puisque la boîte de jeu contient des objets généalogiques, des souvenirs, des mémoires transgénérationnelles, des mythes et des rites familiaux ; mais dans tout ce matériel figurent aussi le coupable, le séquestré, l'exclu et le mort.

C'est donc une nouvelle fonction dont la famille fait l'expérience en thérapie : la fonction poïétique. Cette poïétique familiale, ou travail de création à l'intérieur de la famille, relance le processus de symbolisation et fait de cet espace où la création est désormais possible, un espace transitionnel. Les co-thérapeutes deviennent alors plus sensibles aux initiatives prises par les familles, ce qui permet à la thérapie familiale d'exercer la fonction structurante dont elle avait besoin.

Pour signifier cette appropriation du cadre comme espace de partage, de jeu et de rêverie, la famille Camilleri avait apporté en séance un gâteau pascal, spécialement ramené de Malte à notre intention. Il ne s'agissait pas d'un « repas totémique », toutefois cela s'est inscrit dans un rite familial, religieux et culturel, qui prit sens à plusieurs niveaux. Compte tenu de l'importance que tenait ce pays dans la vie psychique d'Antonio, ce fut pour nous l'occasion d'en parler autrement et d'élaborer ensemble la relation transférentielle qui sous-tendait ce désir de partage.

Certains thérapeutes peuvent critiquer une telle décision, dans la mesure où il est de règle de privilégier la mise en parole à la mise en acte de transfert. Toutefois, loin de faire de cela une règle générale, il semble que les thérapeutes doivent être en mesure d'adapter leur réponse à chaque cas particulier.

Si nous regardons la dynamique familiale des Kofskin, nous ne pouvons rester sourds à cette nécessité qui pousse les enfants Kofskin à faire œuvre de création. Il semble bien, en effet, que toutes les transmissions psychiques se réaménagent dans l'après-coup, grâce aux processus créateurs. La fonction que tient la création dans cette famille est liée aux effets de rupture qui se sont produits dans différents registres : exil, deuils rapprochés, interdit posé sur toute carrière artistique. Les actes créateurs sont sans doute les plus à même de favoriser l'élaboration de ces failles, dans la mesure où ils transforment l'interrogation posée sur le réel, en œuvre de création.

Denise Morel-Ferla

IV
LES PROCESSUS CRÉATEURS

Poser d'entrée de jeu, comme nous l'avons fait, qu'une famille génératrice de vie favorise toutes sortes d'investissements, c'est considérer la création comme un des effets de ce que nous pourrions appeler une famille « ouverte ». Ainsi, au lieu d'enfermer ses membres dans un ghetto étouffant, les familles créatrices favorisent les échanges à l'intérieur comme à l'extérieur.

En eux-mêmes, ces échanges ne sont bien entendu pas suffisant à produire de la créativité. C'est même souvent au prix d'une déchirure, que la création se fraie une place. Une rupture qui peut prendre la forme d'un exil géographique et/ou symbolique, d'une toile pour le peintre, de la pierre ou d'une feuille vierge pour le sculpteur ou l'écrivain.

Quitter ses repères, son pays, famille et amis, pour trouver dans le matériau servant de support à la création un autre espace que le créateur peuple selon son imagination, c'est se donner **une autre terre d'élection**.

Etre capable de tourner en dérision aussi bien des valeurs établies, que ses propres certitudes, est également une des modalités qu'utilise le créateur pour aller de l'avant, imaginer d'autres structures et continuer sa marche. Cela suppose qu'il n'ait pas peur de voir s'effondrer son assise, et que loin de s'accrocher à de fausses assurances et à une toute-puissance défensive, il puisse larguer les amarres !

4.1. Secrets de famille

Ce que nous avons dit à propos du « trésor familial » suppose que le groupe laisse libre accès aux greniers où sont conservés les vestiges d'autres temps, les traces d'événements familiaux plus ou moins proches. Or, dans la plupart des familles, les intéressés passent sous silence des choses plus ou moins claires ou avouables, pour finir par en oublier l'existence.

Ainsi, certains créateurs m'ont dit avoir appris, en questionnant leurs proches, certains événements jusque-là ignorés d'eux. Il ne s'agit pas toujours de secrets de famille, mais bien plutôt de ces zones d'ombre dont personne ne parle avec grand plaisir.

Les secrets ou pseudo secrets passent donc par des évitements, des silences lourds de signification ; dans telle famille, le suicide de quelqu'un de proche sera pressenti par les enfants, mais ceux-ci comprendront assez vite qu'il vaut mieux ne pas évoquer la mort de ce parent. Nous remarquons que ce n'est plus seulement les circonstances de la mort qui sont un sujet tabou, mais la personne elle-même et tout ce qui s'y rattache deviennent sujet d'évitement.

« Même si, à l'origine, le secret était circonscrit et limité, il a fait des vagues qui perturbent les communications bien au-delà de lui-même. Une aire de stagnation relationnelle s'installe. » (G. Ausloos, *Œdipe et sa famille, ou les secrets sont faits pour être agis*).

Il est donc important que dans une famille, tous puissent avoir librement accès à certains secrets. C'est une des conditions de la liberté d'expression, comme nous l'avons trouvée dans les familles d'artistes. Mais tous les secrets ne sont pas faciles à dévoiler. Nicolas Abraham et Maria Torok ont montrée à propos du « fantôme » et de la « crypte », que dans certains cas, le secret peut rester inconnu de la personne même qui le porte. Un « cryptophore » peu inconsciemment vivre avec un autre en lui, autre dont le caractère énigmatique conduit le sujet à avoir des comportements inexpliqués, à faire des passages à l'acte que rien n'arrive à réduire. Cela provoque alors un malaise dont il est difficile de rendre compte autrement que par l'analyse de ce **fantôme inconscient**.

Cette perspective sur les effets de « fantôme » rejoint directement notre réflexion concernant les divers processus à l'œuvre dans les familles de créateurs. Les observations recueillies montrent que ces familles sont, comme les autres, soumises aux mêmes difficultés, que leurs membres doivent aussi se débrouiller de leur culpabilité ou de certains héritages psychiques plus ou moins confortables !

Toutefois, nous pouvons penser qu'en raison de la capacité de tolérance à l'ambiguïté, observée dans ces familles, les manifestations d'étrangeté sont plus facilement admises par chacun. Loin de donner lieu à une terreur stérile, l'effroi qui résulte souvent de cet état, trouve dans la création une expression beaucoup plus satisfaisante.

Il serait cependant peu utile d'avoir accès aux secrets de famille, si nous n'avions aussi la capacité de les transformer psychiquement pour les intégrer et les transmettre ensuite. Car la plupart des événements familiaux ne sont pas traumatiques en eux-mêmes, mais entraînent un traumatisme psychique s'ils ne peuvent être pensés par ceux qui les vivent.

Cet impensé de l'événement donne alors lieu à un mécanisme de clivage : d'un côté on trouvera l'événement brut, tandis que la pensée de l'événement sera rejetée à l'extérieur du sujet. Ce défaut d'intégration va conduire à ce que soient transmises aux générations suivantes des parcelles non transformées de cet événement devenu « tabou ».

Nous sommes alors en présence d'un phénomène que René Kaes nomme « transmission négative » ou transgénérationnelle, et dont les effets se reconnaissent au blocage de la circulation fantasmatique ou à l'émergence d'aliénations diverses.

Ces événements bruts et inconscients hantent le créateur et l'assaillent jusqu'à ce qu'il puisse les transformer en œuvre de création. Et les créateurs n'ont jamais fini de courir après les mots, les images et les sons pour tenter de dire l'indicible, de représenter l'irreprésentable ou de faire résonner le silence des non-dits...

4.2. Symbiose et différenciation créatrice

Nous avons pu remarquer que chez les familles de créateurs, le « Nous » familial est particulièrement fort ; il constitue pour ses membres quelque chose de cohésif où la solidarité familiale ne souffre pas la moindre critique concernant le groupe. Boszormenyi-Nagy reprend les nombreuses études effectuées à ce sujet, et qui mettent en relief l'importance de la symbiose, comme ce qui est à la base du pouvoir de cohésion de la famille.

En ce sens, H. Searles a, lui aussi, donné un éclairage à toute une série d'attitudes et de comportements que la théorie psychiatrique et psychanalytique a longtemps décriée comme hautement pathogène. Il convient de se référer à tous les théoriciens qui ont insisté sur l'importance d'être plongé dans une première relation symbiotique structurante avec la mère. Bion, Lebovici, Mahler, Winnicott connotent positivement cette toute première dyade mère-enfant, celle qui donne accès au noyau maternel.

« La symbiose dans laquelle se meut le génie est précisément une symbiose dans laquelle il se meut, c'est-à-dire que, sur un fonds symbiotique important qui lui donne une grande capacité d'insight (ou empathie), l'affirmation de soi sur le mode œdipien comme père de ses œuvres lui permet d'élaborer, à partir de ses insights, des produits culturels. » (D. Anzieu, *L'auto-analyse de Freud*).

Lorsque la symbiose est prise au sens d'ouverture à soi et à l'autre, nous percevons ce qu'il peut y avoir de dynamique dans cette disposition relationnelle. Les sujets créatifs sont, en effet, facilement enclins à admettre une certaine complexité et même des perceptions désordonnées, chaotiques, sans manifester d'anxiété majeure.

La symbiose nous attire, comme elle nous effraie. Si dans les familles de créateurs, ces processus ont plus facilement droit de cité que dans d'autres familles, n'est-ce pas dû au fait que la créativité différencie chacun des membres de la famille ?

Le sentiment océanique bien connu comme un des attributs du mode de relation symbiotique, est une des conditions de la création. Cependant, pour accueillir sans angoisse ce sentiment océanique, les membres de la famille doivent pouvoir compter sur la capacité du groupe à contenir le « chaos ». Car c'est au sein même d'une certaine symbiose avec les origines (la famille), dans cette dimension « incestueuse », symbolique et positive, qu'émerge le renouveau du vivant.

Comme l'a montré Thierry Gaillard (*La renaissance d'Œdipe*, Ecodition), un même processus caractérise l'histoire d'Œdipe. La première partie de la vie d'Œdipe était aliénée puisqu'il ne se connaissait pas lui-même, victime d'un secret sur l'identité de ses parents biologiques. Le héros a du repasser par la symbiose, représentée dans l'œuvre de Sophocle par les retrouvailles avec Jocaste (La Mère-Terre). Cette rencontre lui permet d'une part de lever les effets du secret, et, d'autre part, de naître véritablement, comme sujet, comme créateur de sa propre vie. Un processus qui suppose de retrouver cette symbiose originaire, pour l'intégrer, comme un arbre qui ne saurait grandir sans avoir de racines.

Or c'est bien là ce que Sophocle explique dans son mythe d'Œdipe. Au lieu de dramatiser cette symbiose, il faut se souvenir que dans les anciennes traditions, ce voyage dans la Mère-Terre permettait le passage de l'enfance à l'âge adulte.

Dans plusieurs de ses ouvrages (*L'autre Œdipe*, 2014, *Sophocle thérapeute*, 2013, Ecodition), Gaillard montre que ce n'est qu'une fois l'intégration des origines effectuée que la peste se transforme en prospérité, que la lumière succède aux ténèbres. Cette traversée œdipienne, et non pas son refoulement ou sa sublimation, nous fournit un modèle du renouvellement de la vie, de la production artistique et de la créativité en général. Avec son glorieux final (la prospérité à Colone), le mythe résume la désaliénation qui opère dans la dimension symbiotique, pour ensuite laisser la place au renouveau, à la création.

« Au final, il nous apparaît maintenant que si Œdipe a dû retrouver le chemin de la matrice procréatrice, c'était par nécessité de s'enfanter lui-même, là où manquait le père édificateur, là où la mère souffrait d'un deuil gelé. L'inceste trouve ici une nouvelle signification, de même que le parricide qui en constituait le passage obligé. Mentionnons encore cette remarque de Jean-Joseph Goux : "Le crime d'inceste qu'il découvre ainsi est lui-même, en quelque façon, auto logique : il a fait germer sa semence, dit-il, dans le sein qui l'avait conçu. Œdipe dit de lui-même, en un mot intraduisible, qu'il est homogené, ce qui signifie ici : qui a la même descendance que lui-même. Plus probant encore, nous remarquons que l'un des mots grecs signifiant «incestueux» est «autogennetos.» (Goux, J.J. *Œdipe philosophe*, 1990, Aubier, p. 143). «La thématique de la renaissance traverse ainsi l'œuvre de Sophocle par le bais de la transformation d'Œdipe. Elle figure aussi les anciens rites de passage dans la Terre-Mère (Jocaste) des enfants ainsi transformés en adultes. » (Th. Gaillard, *L'intégration transgénérationnelle*, 2014, Ecodition, pp. 237-239)

Otto Rank (*Inceste et créativité littéraire*, 1996, Delachaux et Niestlé) mentionnait aussi que « les impulsions incestueuses ne doivent en aucun cas être considérées comme pathologiques mais comme relevant des expressions les plus primitives de la vie pulsionnelle et spirituelle de l'homme ».

4.3. Le plaisir de créer

Les familles créatrices ont du plaisir à être ensemble, à partager cette symbiose de l'instant présent, à créer quelque chose en commun. Qu'il s'agisse du creuset d'écriture pour les enfants Brontë, les sœurs Groult, les frères Perrault, d'un espace de création musicale ou picturale chez les Bach, les Duchamp, les Bonnec, ou d'un jeu scénique commun chez les Marx Brothers, les frères Taviani, toutes ces activités créatrices supposent échanges et circulation fantasmatique.

Ainsi, l'aptitude des parents ou des substituts parentaux, à mettre en place une ambiance « good enough », à tolérer des espaces de doute et à ouvrir le champ de l'illusion, est certainement fondatrice de la famille comme espace d'élaboration et de création. Confrontés à leurs enfants, les parents sont alors amenés à recréer quelque chose de leur propre histoire, et à entrer à leur tour dans cet espace d'illusion où, pour un temps, le fils devient père de son père, et où une génération toute entière fait place à l'autre.

Nous voyons par-là l'importance que joue le rapport au temps dans la famille, et comme il y a loin du temps strictement chronologique (temps réel ou temps conscient), au temps inconscient ou mythique qui a le pouvoir de bousculer les repères temporels les plus précis !

Lorsque nous voyons sur scène les Marx Brothers, lorsque nous écoutons jouer le trio Fontanarosa ou les sœurs jumelles Labeque, quand nous lisons un livre écrit en commun par Flora et Benoite Groult, comment ne pas retrouver cette illusion de la duplication, de l'entente parfaite, comment rester insensible au plaisir que prennent ces créateurs à partager la même activité, en donnant ensemble naissance à une œuvre ?

V
CONCLUSIONS

En définitive, nous sommes en mesure d'affirmer que la construction d'un réseau complexe permet aux familles d'artistes d'exploiter ce qui chez d'autres familles donnerait lieu à un symptôme. Composé de différents processus, ce réseau est celui qui facilite le travail créatif de transformation des événements et des multiples perturbations affectant une famille.

Cette transformation des événements vécus par le groupe familial à travers les générations suppose, de fait, que chacun fasse sienne cette histoire. C'est ainsi qu'au lieu d'une construc- tion de barrières entre les membres de ces familles créatrice, une certaine symbiose reste présente, tandis que c'est par sa créativité propre que chacun s'individualise.

Nous avons également pu observer comment les familles qui empêchent d'une façon ou d'une autre, leurs membres d'avoir accès aux secrets, limitent fortement les possibilités de création et de vie. Même lorsque certaines familles ne bloquent pas complètement l'accès à ce réservoir d'événements et d'affects, elles interdisent pourtant plus ou moins explicitement d'utiliser ce trésor familial.

Même dans notre civilisation marquée du sceau de la raison, certaines croyances demeurent, et celles relatives au culte des morts gardent toute leur vivacité. Certes, l'expression de cette crainte des morts et du respect qui leur est dû a changé de modalités, mais nous continuons à en observer les effets au sein d'une vie de famille.

Précisons que cette possibilité d'appropriation et de transformation des événements n'est pas une donnée brute que l'enfant trouve - ou ne trouve pas - dans son berceau ! S'il est vrai que certaines familles favorisent d'emblée cette attitude chez l'enfant, dans la plupart des cas, au contraire, il appartient à chacun de susciter ce mouvement.

La responsabilité créatrice de tous les membres d'une famille se trouve engagée dans ce processus visant à permettre aux uns et aux autres d'utiliser ce qui est déposé dans « l'appareil psychique familial », et d'en jouer le plus librement possible.

En thérapie familiale, certains membres de la famille se montrent parfois désespérés par la ténacité des symptômes ou par la difficulté à vivre à laquelle chacun se trouve confronté. Avec eux, il peut nous arriver de penser que la vie n'est pas un cadeau, et de remettre en cause le fait même d'avoir reçu cette vie ou de la transmettre à notre tour. Pourtant, ce mouvement dépressif, qui n'est pas propre à tel ou telle, n'est-il pas la condition même de tout élan vital, l'insatisfaction qui sollicite diverses réponses, dont la mise en œuvre de processus de réparation, de conquête et de création ?

Intégrer ce double mouvement est peut-être une des règles de ce jeu où chacun s'engage à transformer le matériau brut dont il dispose au début de sa vie, ficelle, coton ou fil de soie, pour en faire, grâce à sa propre alchimie, un objet précieux et unique. Comment, en effet, prétendre séparer symptômes et talents, richesse de certains et indigence des autres ? Chacun de nous est à la fois talent et symptôme, ange et démon.

Peut-on espérer un avenir meilleur à partir d'un aujourd'hui bien compromis, insatisfaisant, car porteur de souffrances ou des troubles pathologiques écrasants ? Comment y croire sans tomber dans l'illusion qui annule le réel angoissant de la vie présente ?

Il nous semble pourtant que cet espoir est réaliste si chacun s'applique à ne pas isoler ces différents termes, mais confronte entre elles les aspects binaires de l'existence. Vie-mort, destruction-construction, absence-présence, puissant-fragile, tous ces contraires s'étayent réciproquement, car ils constituent les deux faces d'une même réalité psychique.

Si nous nous tournons vers la mythologie, nous découvrons avec quelle habileté les égyptiens ont déifié des animaux redoutables, comme pour métamorphoser leur activité néfaste en une fonction bénéfique. Capables du pire, ils sont donc aussi capables du meilleur ! Ainsi en est-il d'**Anubis** et de **Sekhmet**. Anubis, chacal détesté parce qu'il fouillait les cimetières à la recherche de cadavres, fut vénéré comme dieu protecteur des morts.

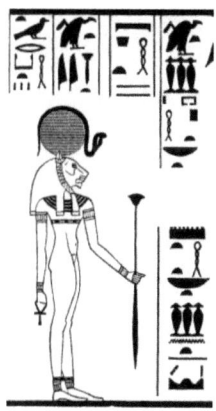

Quant à Sekhmet, déesse à tête de lionne, elle était considérée à la fois comme une divinité guerrière, destructrice, apportant fléaux et épidémies, et comme la « Grande de Magie » capable de guérir. Les médecins égyptiens étaient « Prêtres de Sekhmet ». Pour compléter ce tableau déjà très contrasté, ajoutons que Sekhmet est connue comme l'épouse de Ptah, le plus grand génie créateur, et artisan du culte de Memphis.

Tenir compte de tout cela et entretenir comme une flamme ce champ de forces destructrices et créatrices qui vit en chacun, c'est accepter de se situer là et ailleurs, dans le temps et hors du temps.

Ce n'est qu'au prix de cette alternance de vie et de mort, que nous pouvons passer du symptôme à la création. En ce sens, les processus créateurs s'articulent souvent avec des symptômes. Ces derniers, loin d'être négatifs, s'inscrivent dans une dynamique familiale, au sein de laquelle la création peut prendre place. Porter un symptôme peut donc inciter quelqu'un à créer, pour s'affirmer contre une pathologie et dépasser la difficulté en l'intégrant à la création elle-même.

Il n'est donc pas question de faire l'économie de la souffrance ni de la mort, mais de reconnaître que depuis la plus haute antiquité, toutes les œuvres de création témoignent que la culture naît de cette confrontation à la perte et à la mort, et du désir de mettre quelque chose de beau à la place du manque.

Découvrir que la vie n'est pas aussi tragique et déprimante qu'on pourrait l'entend dire, nous invite à faire naître des représentations riches et variées. « La mort est la naissance de l'image » écrit Thomas Mann dans *Mort à Venise*, et cette « image » doit être entendue au sens large, dans la mise en forme d'un réel qui, autrement, nous échapperait dans sa dimension de continuité.

Plaisir à vivre, plaisir à créer, plaisir à partager l'œuvre des autres, c'est tout cela qui a accompagné la rédaction de ce livre.

BIBLIOGRAPHIE

Alion, Y., *Les Marx Brothers*, Edilig, Paris, 1985.
Anzieu, D., *Du fonctionnement psychique particulier à l'intellectuel*, in Topique N 34 EPI, 1985.
Anzieu, D., et coll., *Psychanalyse du génie créateur*, Dunod, Paris, 1974.
Anzieu, D., *Le corps de l'œuvre*, Gallimard, 1981.
Anzieu, D., *Le Moi-peau*, Dunod, Paris, 1985.
Ausloos, G., *Œdipe et sa famille, ou les secrets sont faits pour être agis,* Dialogue no. 70, AFCCC, Paris, 1980.
Beaudot, A, *La créativité*, Dunod, Paris, 1973.
Bellour, R., *Le jeu du frère et de la sœur*, in « La création collective », Clancier-Guénaud, Paris, 1981.
Bleger, J., *Symbiose et ambiguité,* P.U.F., Paris, 1981.
Boszormenyi-Nagy N., et Framo, J., *Psychothérapies familiales*, 1980.
Bourguignon, O., *Mort et structures familiales*, P.U.F., Paris, 1984.
Cartier, J.A., *Prassinos ou le sens de la famille*, Nouvelles Littéraires, 1966.
Chaigne, L., *Vie de Paul Claudel*, Mame, Tours, 1981.
Chasseguet-Smirgel, J., *Pour une psychanalyse de l'art et de la créativité*, Payot, Paris, 1971.
Claudel, J., *Rodin, sa vie glorieuse et inconnue*, Grasset, Paris, 1936.
Claudel, L.P., *Lettres à son fils*, in Cahiers de P. Claudel Gallimard, 1959.

Claudel, P., *Mémoires improvisées*, recueillis par J. Armouche Gallimard, Paris, 1954.
Claudel, P., *Œuvres en prose*, Pléiade, Gallimard, 1965.
Delbée, A., *Une femme*, Presses de la Renaissance, 1982.
Dumas, D., *L'ange et le fantôme*, intr. à la clinique de l'impensé généalogique, éditions de Minuit, Paris, 1985.
Eiguer, A., *Un divan pour la famille*, Paidos, Le Centurion, 1983.
Ensch J. et R. Kieffer, R., *A l'écoute de Gisèle Prassinos*, Naaman, Sherbrooke, 1986.
Fernandez, D., *L'arbre jusqu'aux racines*, Grasset, Paris, 1972.
Gaillard Th., *L'intégration transgénérationnelle*, 2014, Ecodition.
Gaillard Th., *Sophocle thérapeute*, 2013, Ecodition.
Gaillard, Th., *La renaissance d'Œdipe*, 2014, Ecodition.
Gaillard, Th., *L'autre Œdipe*, 2014, Ecodition.
Goux J.-J., *Œdipe philosophie*, 1990, Aubier.
Grand Palais, *Exposition « Mario Prassinos »*, Paris, 1980.
Green, A., *Le mythe, un objet transitionnel collectif*, in «Le temps de la réflexion» Gallimard, Paris, 1980.
Guillaumin, J., Anzieu, D., Kaes, R., Clancier, A., *Corps création*, Pul, Lyon, 1980.
Guillaumin, J., *Le rêve et le moi*, P.U.F., Paris,
Guillemin, H., *Claudel avant sa conversion*, in La revue de Paris, Mai 1955.
Guillemin, H., *Le converti P. Claudel*, Gallimard, Paris, 1968.
Guyotat, J., *La transmission psychique à la lumière des phénomènes transgénérationnels*, Centurion, 1986.
Hallays, A., *Les Perrault*, Perrin et Cie, Paris, 1926.
James, A., *Journal d'Alice James*, 2d des Femmes, Paris, 1983.
James, A., *Journal et choix de lettres*, Langres, 1984.
James, H., *Histoires de fantômes*, Aubier-Flammarion, Paris, 1970.

James, W., *Die Inters of William James*, 2 vol. Green and Co, London, 1920.
Kaes R., *Crise rupture et dépassement*, Dunod, Paris, 1979.
Kaes, R., *Travail psychanalytique dans les groupes*, Dunod, 1982.
Kaes, R.,*Imagos et complexes fraternels dans le processus groupal*, in Le groupe Familial N 81, 1978.
Khan, M., Passion, *Solitude et folie*, Gallimard, Paris, 1983..
Kris, E., *Psychanalyse de l'art*, PUF, Paris.
Laplanche, J., *La sublimation*, Problématiques III, PUF, Paris, 1980.
Le Chenier, H., Prassinos, H., *catalogue Aix-en-Provence,1983*, éd Présence Contemporaine.
Le Targat, F. *L'invité du mois : Mario Prassinos*, 1980.
Lebovici, S., *Le nourrisson, la mère et le psychanalyste*, Centurion, 1983.
Lemaire, J., *Le couple, sa vie, sa mort*, Payot, Paris, 1979.
Lemaire, J., *L'utilisation des mythes familiaux en thérapie familiale et en thérapie de couple*, Dialogue N 88, 1985.
Lemaire,J., *Famille, amour, folie,*Paidos/Centurion, 1989.
Levi-Strauss, C., *La pensée sauvage*, Plon, Paris, 1962.
Levi-Strauss, C., *Les structures élémentaires de la parenté*, PUF, 1949.
Marx, G., *Correspondance de Grouchko Marx*, éd. Champ libre.
Marx, G., *Mémoires de Grouchko Marx*, L'atalante, Nantes, 1981.
Marx, H., *Harpo et moi*, Scarabée, Paris, 1983.
Maurier, D. du, *Le monde infernal de Branwell Brontë*, Albin Michel, Paris, 196 ?.
Mc Dougall, J., *Plaidoyer pour une certaine anormalité*, Gallimard, Paris, 1978.
Miller, A., *Le drame de l'enfant doué*, PUF, Paris, 1983.
Minuchin, S., *Familles en thérapie*, J.P. Delarge, Paris, 1979.

Morel, D., *Cancer et psychanalyse*, Belfond, Paris, 1984.
Morel, D., *Choix du partenaire et généalogie*, Dialogue N 89, 1985.
Morel, D., *Des contes et des enfants*, in Groupe Familial N 117, 1987.
Morel, D., *Lettre ouverte aux beaux-parents et aux parents*, Dialogue N 97, 1987.
Morel, D., *Mythes et croyances*, Dialogue N 88, 1985.
Morel, D., *Qui est vivant?,* Paris, Dervy, 1991.
M'uzan, M. de, *De l'art à la mort*, Gallimard, Paris, 1977.
Nicolaidis N., et coll., *Créativité et/ou symptôme*, Clancier-Guénaud, 1982.
Pankow, G., *Structure familiale et psychose*, Aubier-Montaigne, 1977.
Paris, R.M., *Camille Claudel*, Gallimard, Paris, 1984.
Perrault, Ch et Cl., *Mémoires de ma vie et voyage à Bordeaux*, Laurens, 1909.
Perrault, Ch., *Les contes de féés*, Hetzel, Paris, 1883.
Perrault, Ch., *Œuvres choisies de Charles Perrault*, (avec les mémoires de l'auteur) St Germain des Près, Paris, 1826.
Perrot, J., *Henry James et la décadence*, Thèse de doctorat, Paris IV, 1980.
Prassinos, G., *Brelin le fou ou le portrait de famille*, Belfond, 1975.
Prassinos, G., *Le temps n'est rien*, Plon, Paris, 1958.
Prassinos, G., *Trouver sans chercher*, Flammarion, 1976.
Prassinos, M. *La colline tatouée*, Grasset, Paris, 1983.
Prassinos, M. *Les Prétextats*, Gallimard, Paris, 1973.
Rank, O, *Inceste et créativité littéraire*, 1996, Delachaux et Niestlé
Rank, O., *L'art et l'artiste*, Payot, Paris, 1984.

Riviere, A., *L'interdite Camille Claudel*, Tierce, Paris, 1983.
Romieu, E. et G., *La vie des sœurs Brontë*, Gallimard, Paris, 1929.
Rosolato, G., *Essais sur le symbolique*, Gallimard, Paris, 1969.
Rouquette, M. L., *La créativité*, P.U.F., Paris, 1973.
Ruffiot, A., *La thérapie familiale psychanalytique*, Dunod, Paris, 1981.
Safan-Gérard, D., *Chaos et contrôle dans le processus créateur*, Psychan. à l'université N 35.
Saporta, M., *Henry James*, revue L'Arc, N 89.
Soriano, M., *Le dossier Perrault*, Hachette, Paris, 1972.
Soriano, M., *Les contes de Perrault*, Gallimard, Paris, 1977.
Spira, M., *Créativité et liberté psychique*, C.L.E., Lyon, 1985.
Storr, A., *Les ressorts de la création*, Laffont, Paris, 1972.
Traz, R. de, *La famille Brontë*, Albin Michel, Paris, 1939.
Winnicott, D. W., *Jeu et réalité*, Gallimard, Paris, 1971.
Wlaschin, K., *Les stars du cinéma*, Nathan, Paris, 1981.